AF274639

CULTURA MASÓNICA

Revista temática de francmasonería

(Desde 6009 VL)

CULTURA MASÓNICA es una revista trimestral de carácter temático en formato libro. En cada número se aborda en profundidad un aspecto de la masonería de la mano de auténticos especialistas en la materia. Su rigurosidad a lo largo de años de trabajo metódico y puntual la han convertido en una de las mejores publicaciones de masonería del mundo.

CULTURA MASÓNICA
Revista temática de masonería

N.º 64 | Enero 2026

Al servicio de la
FRANCMASONERÍA UNIVERSAL

Diseño y maquetación:
EЯA | ALTA RESOLUCIÓN EDITORIAL

Ilustración de cubierta:
La Creación de la Luz
Gustave Doré (1866)

© Editorial MASONICA®
www.masonica.es

ENTREACACIAS, S.L.
[Sociedad editora]
  c/Covadonga, 8
  33002 Oviedo-Asturias
  (España)

      info@masonica.es
      pedidos@masonica.es
      admin@masonica.es
      redes@masonica.es

ISSN: 2171-1968
ISBN (edición impresa): 979-13-87560-80-5
ISBN (edición digital): 979-13-87560-81-2
Depósito Legal: AS 00238-2021

Impreso por Podiprint
Impreso en España y América Latina

© Reservados todos los derechos

DIRECTOR
David Suárez Dorta

EDITOR
Ignacio Méndez-Trelles Díaz

DISEÑO EDITORIAL
Oliver Méndez-Trelles Pattist

REDES/COMUNICACIÓN
Marta Tejedor Alonso

ADMINISTRACIÓN
Sara Casas Pérez-Fanjul

PRODUCCIÓN
Andrea Peláez Gutiérrez

ENSAYISTAS
Alberto Moreno Moreno
Alfonso Marcuello
Francisco Ariza
Gaston Clerc
Jorge Rodríguez Ariza
Josep-Lluís Domènech Gómez
Juan Almirall Arnal
Luis Plà
Nicola Lococo
Pere Sánchez Ferré

Cultura Masónica no se adhiere necesariamente a las opiniones expresadas por
sus colaboradores, de las que ellos son los
únicos responsables.

SUMARIO
Año XVII / N.º 64 / ENERO 2026

Editorial | LA LUZ EN MASONERÍA   5

LA LUZ MASÓNICA | ¿LUZ DEL ESPÍRITU O LUZ DE LA RAZÓN?   7
Alfonso Marcuello

LA «LUZ INICIÁTICA» Y SUS CONTENIDOS SIMBÓLICOS
Y RITUALES   25
Francisco Ariza

VISIBLE EN LA OSCURIDAD   41
Alberto Moreno Moreno

LA LUZ   51
Pere Sánchez Ferré

APRECIACIONES SOBRE EL SIMBOLISMO DE LA LUZ   57
Jorge Rodríguez Ariza

LA CAVERNA DE PLATÓN A LA LUZ DE OTRA LUZ   69
Nicola Lococo

LA ESTRELLA Y EL TRIÁNGULO   89
Juan Almirall Arnal

LA LUZ MASÓNICA EN EL RITO DE MENFIS-MIZRAIM   105
Gaston Clerc

EL INSTANTE DE LA LUZ EL NACIMIENTO DEL INICIADO
EN EL REAA   117
Josep-Lluís Domènech Gómez

GRAN LUZ INICIÁTICA Y CAÍDA DE LA VENDA | RITO FRANCÉS   137
Luis Plà

El famoso grabado de Gustave Doré *La Creación de la Luz* ilustra el primer día de la creación según el Génesis bíblico, mostrando a una figura majestuosa (Dios) separando la luz de la oscuridad en un momento dramático y lleno de energía, característico de su estilo romántico y su obra cumbre, *La Biblia Ilustrada*.

LA LUZ EN MASONERÍA

En la lengua latina hay dos términos para luz. Uno es *lumen*, que hace referencia a aquello que ilumina como una lámpara, una hoguera o cualquier otra fuente que facilite la visibilidad. La otra palabra es *lux*, que se usaba en un sentido abstracto, como la luz de la comprensión o de la filosofía, así como a lo que emitía luz o brillo, caso del sol. Aunque ambas provienen de la misma raíz, se usaban de forma muy concreta en cada caso.

En nuestra lengua castellana el término luz hace referencia a ambas ideas, el contexto nos indica a qué se refiere. Por otro lado, se habla de la luz masónica, algo que precisamente se pide para el recipiendario cuando se encuentra finalizando el periplo de su iniciación, la de aprendiz. Está claro que se usa el símil de la obtención de luz física, material, como metáfora y símbolo de esa otra luz, de carácter abstracto. Ahora bien, si le preguntamos a los masones lo que realmente se quiere transmitir, qué luz es esa, no hay demasiados acuerdos. Para unos es de carácter intelectual, para otros algo espiritual, para otros moral y podríamos seguir con más planteamientos, así como matizaciones en torno a tales ideas.

En este número pretendemos ahondar en qué es la luz masónica, qué es lo que se le quiere transmitir al nuevo masón y cómo lo va a obtener.

Además, la luz, aparte de lo señalado en el ritual de iniciación al primer grado, tiene más connotaciones en la masonería, e igualmente la búsqueda de la iluminación. Aunque, de nuevo, para cada rito, tendencia y corriente que hay en la Orden, se interpreta de forma distinta.

En cualquier caso, el tema de la luz no es algo ajeno a la tradición esotérica que dio impulso a la creación de la masonería moderna. Por ello, también se ahondará en la visión general que de este concepto se tenía en los movimientos culturales alternativos que tuvieron lugar en Occidente por aquellos tiempos.

Como siempre, contamos con colaboradores de lujo, que aportan un trabajo de profundización en lo indicado, proporcionando una mejor comprensión sobre estos temas.

Nos quedamos con el deseo de que todos salgamos con un poco más de luz, aquella que a cada uno más le guste y necesite. ⬥

DAVID SUÁREZ DORTA

Alfonso Marcuello es profesor de Filosofía de Bachillerato. Máster en Ciencias de las Religiones por la Universidad Complutense de Madrid y Postgrado en Simbología por la Universidad de Barcelona. Estudioso de la tradición esotérica e iniciática occidental y de las filosofías orientales. Maestro masón, fue iniciado en una logia del R.E.A.A. y ha trabajado también el R.E.R. y la masonería egipcia. Como autor, ha colaborado en la revista *Cultura Masónica* con varios artículos: «El grado masónico de Caballero del Sol: simbolismo y práctica alquímica» (n.º 37); «Una perspectiva masónica sobre el arte sagrado: Angkor Wat» (n.º 35); «La alienación del ser humano en el marxismo y en la masonería» (n.º 34); «René Guénon: masonería y tradición» (n.º 24 y 30); «Louis-Claude de Saint-Martin: ¿francmasón y martinista?» (n.º 23). Ha traducido también dos obras publicadas por MASONICA de las llamadas «filosofías del despertar»: *Práctica de las vías del despertar,* de Alain Blandin y *La francmasonería como vía del despertar,* de Rémi Boyer.

LA LUZ MASÓNICA

¿LUZ DEL ESPÍRITU O LUZ DE LA RAZÓN?

Alfonso Marcuello

«La luz que buscamos no está fuera, sino dentro de nosotros;
es la chispa divina que debe despertar».
(Louis Claude de Saint-Martin)

«El poder de la razón es la luz que debe guiar a la humanidad».
(Denis Diderot)

El momento cumbre de la iniciación masónica se produce cuando la luz le es dada al profano después de haber pasado por las pruebas de los elementos, pruebas cuyo objetivo es purificarle simbólicamente para que esté en disposición de recibir dicha luz. Una vez juzgado digno de ser admitido en la hermandad, el venerable maestro pregunta a los vigilantes y oficiales qué es lo que piden para el profano y la respuesta es «la luz». La venda cae, entonces, al tercer golpe de mallete del venerable maestro y ante los ojos del nuevo iniciado aparecen el templo masónico con todos sus elementos simbólicos y los miembros de la logia, que a partir de ese momento pasarán a ser sus hermanos. En un primer vistazo al espacio sagrado que le rodea, el que va a ser consagrado como nuevo aprendiz masón podrá ya percibir diversos símbolos de carácter luminoso: el delta, el sol y la luna en el oriente, que con el maestro de logia forman las llamadas «pequeñas luces»; el Volumen de la Ley Sagrada, la escuadra y el compás, es decir las tres «grandes luces» sobre las que el recipiendario prestará juramento. Podrá percibir también que las tres columnas que enmarcan el pavimento mosaico están iluminadas por unas bujías y que, junto a las tres grandes luces, que en el R.E.A.A. se sitúan en el «altar de los juramentos», se encuentra la llama permanente de la luz eterna. Si eleva su mirada hacia lo alto alcanzará a ver otras luminarias en el cielo de la logia, las estrellas que forman diversas constelaciones. Más tarde aprenderá que los principales oficiales de la logia, el venerable maestro y los dos vigilantes, son también llamados «luces del taller». Todo el simbolismo masónico parece tener como punto central la luz, a la que ha accedido el nuevo iniciado desde las tinieblas del mundo profano.

Podríamos preguntarnos: ¿cuál es el origen de este simbolismo?, ¿cómo y cuándo el tema de la luz ha surgido en la masonería? ¿Es un elemento que ya estaba presente en la ceremonia de recepción de nuevos aprendices en la antigua masonería del oficio, aquella que tenía un carácter operativo y cuyo cometido fue la construcción de los grandes edificios civiles y religiosos de la Edad Media? ¿O se trata de un añadido posterior, cuando ya la nueva masonería especulativa había perdido su relación con el oficio y había recibido una serie de influencias ajenas al trabajo de la construcción?

Si revisamos los documentos más antiguos –*Old Charges*– es difícil encontrar alguna alusión al tema de la luz y mucho menos a la importancia que ésta tiene en la ceremonia de iniciación al 1º grado. De hecho, sólo puede hablarse de iniciación masónica propiamente dicha cuando aparecen los viajes de los elementos y el símbolo de la venda utilizado para expresar el paso del mundo profano de las tinieblas al mundo sagrado de la luz. Antes de esta ceremonia, en la antigua masonería del oficio, se trata más bien de una «recepción» en el grado, que gira en torno a los deberes que debe asumir el nuevo aprendiz y a una serie de signos, palabras y toques que servían para el reconocimiento entre iguales y para guardar los secretos del oficio. No obstante, pueden rastrearse algunas alusiones: en el *Manuscrito Dumfries* (1710), por ejemplo, en la sección de preguntas y respuestas, podemos encontrar los siguientes diálogos:

–¿Cuántas luces hay en vuestra logia?
–Dos.
–¿Cuáles?
–El sol, que se levanta al Este y pone a todos los hombres al trabajo, y que se oculta por al Oeste y así manda a todos los hombres a la cama.

Y más adelante:

¿Cuántas luces hay en esta logia?
–Tres.
–¿Cuáles?
–El maestro, los compañeros y el vigilante.
–¿En qué forma están dispuestas las luces?
–Una al Este, una al Oeste y una en el centro.
–¿Para qué sirve la del Este?

LA LUZ MASÓNICA
¿LUZ DEL ESPÍRITU O LUZ DE LA RAZÓN?

–Para el maestro; la del Oeste para los compañeros de oficio y la del centro para el vigilante.[1]

Vemos que las luces se asocian en este antiguo documento a una luminaria, el sol y a los masones que dirigen la logia, pero no hay ninguna alusión a la luz de la iniciación tal como aparece en los rituales de la masonería especulativa. Diálogos parecidos podemos encontrar en el *Manuscrito de Edimburgo* (1696), en el *Manuscrito Kewan* (1714-1720) o en el *Manuscrito Graham* (1726). Si leemos las *Constituciones de Anderson* (1726, 1738) tampoco se encuentra rastro alguna de la importancia de la «recepción de la luz» en la iniciación masónica. En el texto llamado *Masonería diseccionada*, escrito por Samuel Prichard en 1730 con el objeto de desacreditar a la nueva masonería especulativa naciente, sí que hay una referencia a la luz en el siguiente diálogo:

P.– ¿Hay alguna Luz en vuestra Logia? R.– Sí, Tres. P.– ¿Qué representan? R.– [el] Sol, [la] Luna y [el] Maestro Masón. N.B.: Estas Luces son tres grandes Velas colocadas en altos Candeleros. P.– ¿Por qué [es] así? R.– [El] Sol para gobernar el Día, [la] Luna la Noche, y [el] Maestro Masón su Logia. P.– ¿Tenéis Luces fijas en vuestra Logia? R.– Sí. P.– ¿Cuántas? R.– Tres. N.B.: Estas Luces fijas son Tres Ventanas, que se supone (aunque vanamente) hay en toda Habitación donde se reúne una Logia, pero más propiamente son los cuatro Puntos Cardinales según las antiguas Reglas de la Masonería. P.– ¿Cómo están situadas? R.– Este, Sur y Oeste. P.– ¿Cuáles son sus Utilidades? R.– Iluminar al Hombre hacia, en y desde su Trabajo. P.– ¿Por qué no hay Luces en el Norte? R.– Porque el Sol no arroja Rayos desde allí. [2]

Como podemos observar en este texto –que tanta información ha dado a los historiadores sobre la formación de los tres grados simbólicos de la masonería– las referencias a la luz se limitan al sol, a la luna y al maestro masón y a las ventanas que iluminan la logia desde tres de sus lados.

A pesar de todo lo anterior, es en estas fechas, alrededor de 1730, cuando según la mayoría de historiadores de la masonería comienzan a redactarse rituales para el grado de aprendiz que ya contienen el símbolo de «recibir la luz», en el sentido de iluminación, lo que constituye la ceremonia de carácter iniciático tal como la conocemos en la actualidad. Dicha ceremonia no existía hasta esos momentos, como hemos visto, y debemos preguntarnos quiénes, con qué objeto y bajo qué influencias la han introducido.[3]

---

[1] Ignacio Méndez-Trelles: *Textos fundamentales de la masonería*. MASONICA, 2021, pp. 279 y 284.

[2] Samuel Prichard: *Masonería diseccionada,* MASONICA.

[3] Véase Daniel Ligou: *Dictionnaire de la franc-maçonnerie*, artículo *Lumière*. París: PUF, 2005, pp. 743-744.

LA LUZ MASÓNICA
¿LUZ DEL ESPÍRITU O LUZ DE LA RAZÓN?

En esta situación y desconociendo la intención concreta con la que se introdujo este simbolismo de la luz iniciática en la ceremonia del 1º grado de la masonería, se abren dos hipótesis que vamos a tratar de iluminar (nunca mejor dicho) y de confrontar: la luz masónica como luz del espíritu y la luz masónica como luz de la razón. Como veremos, ambas son posibles, como lo demuestran el diferente sentido que tiene la luz en los distintos ritos masónicos más trabajados en la actualidad.

La metafísica de la luz en Occidente y su influencia en la masonería

La primera de las hipótesis, la luz masónica como una actualización del antiquísimo tema de la luz espiritual, está basada en una metáfora presente en la civilización desde sus orígenes. La famosa alegoría de la caverna de Platón, sin duda uno de los textos determinantes del pensamiento de Occidente, plantea de forma clara todo el simbolismo asociado a la oscuridad y a la luz en relación a la condición del ser humano y el largo camino ascendente que debe seguirse para abandonar la morada oscura –el mundo sensible– y alcanzar el exterior de la caverna –el mundo inteligible o mundo de las Ideas-. Así lo expresa Platón:

> Pues bien, querido Glaucón, debemos aplicar íntegra esta alegoría a lo que anteriormente ha sido dicho, comparando la región que se manifiesta por medio de la vista con la morada–prisión, y la luz del fuego que hay en ella con el poder del sol; compara, por otro lado, el ascenso y contemplación de las cosas de arriba con el camino del alma hacia el ámbito inteligible, y no te equivocarás en cuanto a lo que estoy esperando, y que es lo que deseas oír. Dios sabe si esto es realmente cierto; en todo caso, lo que a mí me parece es que lo que dentro de lo cognoscible se ve al final, y con dificultad, es la Idea del Bien.[4]

Según Platón, el ser humano está prisionero del mundo sensible, encadenado en la oscuridad, contemplando las sombras de la verdadera realidad y si quiere salir de la ignorancia debe encaminarse hacia el exterior, hacia la luz, en un itinerario progresivo que atraviesa varias etapas y culmina en la contemplación de la Idea del Bien. La luz es la irradiación de esta Idea suprema, que es la causa de todo lo bueno, bello y verdadero. Es interesante observar que Platón afirma que la salida de la caverna no es fácil y que requiere que el ser humano se acostumbre progresivamente a la contemplación de la luz inteligible que emana de la Idea del Bien, pues en un primer

---

[4] Platón: *República*, libro VII. Madrid: Gredos, 1992, p. 342.

momento quedará deslumbrado ante su presencia. De la misma manera, podríamos afirmar que en el rito de iniciación masónica, en el momento culminante en el que se le retira la venda al recipiendario y éste «recibe la luz», también se produce una especie de deslumbramiento o conmoción –antiguamente este deslumbramiento se acentuaba con un fogonazo que el maestro experto producía ante el futuro aprendiz con una pipa de licopodio– ante la visión del interior del templo masónico y de sus símbolos, a los que tendrá que acostumbrarse después de haber estado sumido en la oscuridad durante el desarrollo de los viajes de purificación por los elementos. La visión de la luz es además progresiva, pues la venda le es quitada dos veces: en la primera vez, contemplará las espadas de todos los hermanos apuntando hacia su corazón; en la segunda y definitiva será recibido, ya sin la presencia de espadas, en la cadena de unión. Podría añadirse que, para Platón, la salida hacia la luz simboliza la posesión progresiva de un conocimiento o *gnosis* que se desarrolla en varias etapas: las dos últimas, ya fuera de la caverna, es decir, en el mundo inteligible, son la *dianoia* –conocimiento discursivo de los entes geométricos- y la *noesis* –conocimiento intuitivo de las ideas superiores-. Es importante recalcar esto porque la geometría tiene una importancia capital en la masonería y su estudio prepara al masón para desarrollar su capacidad intuitiva en el trabajo con los símbolos. Según Platón, además, la mera razón no es la etapa definitiva de la gnosis de la luz, pues debe culminar en la intuición de las esencias puras –una intuición, por supuesto, intelectual y no sensible, que se designa en griego con el término *noesis* y que es el resultado de la actividad del *nous*, es decir, del espíritu-. En esta línea hay que situar algunas de las corrientes de la masonería, que no se quedan en la «luz racional» sino que postulan la existencia de una «luz espiritual» como punto culminante del rito de iniciación.

La «metafísica de la luz» iniciada por Platón será continuada y revitalizada en la obra de Plotino (205-270), filósofo nacido en Alejandría y fundador del llamado «neoplatonismo», corriente filosófica que hace una lectura de la obra de Platón bajo la influencia del pitagorismo y de las religiones orientales en la época helenística. En las *Enéadas* de Plotino nos encontramos un sutil y profundo tratamiento del tema de la luz espiritual. Es en la quinta y en la sexta *Enéada* donde aparecen los desarrollos fundamentales de esta cuestión[5]. Para Plotino la realidad suprema es *lo Uno*, causa primera y suma bondad, fuente de vida y principio del ser de todas las cosas que de él emergen y dependen: en primer lugar, el *nous*, es decir, la inteligencia o espíritu; y en segundo lugar, la *psyché*, alma o fuerza vital de todos los individuos y que procede del *nous*. Esta trilogía divina –*Uno, nous, psyché-* es el funda-

---

[5] Plotino: *Enéadas, vol. 3, Enéadas V y VI.* Madrid: Gredos, 1998.

LA LUZ MASÓNICA
¿LUZ DEL ESPÍRITU O LUZ DE LA RAZÓN?

mento del mundo material, pues la *psyché*, el último eslabón de la cadena, está dispersa por el cosmos e infunde la vida en todos los seres, siendo a la vez capaz de retornar hacia el origen. El ser humano, movido por su alma, puede, por lo tanto, retornar a *lo Uno*. Para ello debe llevar a cabo una ascesis, una purificación y volverse hacia su interior para poder atisbar el mundo trascendente. En esta actividad mística de acceso a lo Absoluto, el alma debe primero retornar hasta el *nous*, la inteligencia o espíritu, que hace posible la iluminación. Porque *la luz* para Plotino no es sino la emanación del espíritu que produce en el alma humana la contemplación de lo divino. Al igual que Platón, Plotino utiliza la metáfora solar e identifica a *lo Uno* con el sol (para Platón era la Idea del Bien) y al *nous* –el espíritu- con la luz (en Platón, de forma similar, es la última etapa de acceso al mundo inteligible, donde se produce la «intuición iluminativa» que hace posible la contemplación de la Idea suprema). Y en este proceso, el ser humano «se reconoce» también como luz emanada de *lo Uno* y, por lo tanto, semejante a lo divino:

> Y entonces es cuando es posible ver a aquél y verse a sí mismos según es lícito ver: a sí mismo esplendoroso y lleno de luz inteligible; mejor dicho, hecho luz misma, pura, ingrávida y leve; hecho dios; mejor dicho, siendo dios; se verá todo encendido en aquel instante, mas luego, si vuelve a agobiarle el peso, como apagándose.[6]

En este sentido, es revelador que Plotino se refiera a la situación del hombre ordinario como un «estar sin luz». En términos masónicos se está describiendo la situación del hombre profano, errando en la oscuridad, perdido en las tinieblas. Sólo la iniciación posibilita «recibir la luz», que debe entenderse como una iluminación de lo divino que el iniciado contempla en su ser más profundo. En el método masónico está iluminación es progresiva: en el grado de aprendiz debe comenzar el proceso de interiorización y recogimiento bajo la disciplina del silencio (el equivalente de la ascesis de Plotino); ya en el grado de compañero, el conocimiento interior alcanza la contemplación propiamente dicha de la luz interior (simbolismo de la estrella flamígera con la letra «g» en su centro); finalmente, en el grado de maestro, el proceso culmina con el rito de la muerte definitiva del ego o yo superficial y el renacimiento del yo superior en la forma del adepto iluminado (mito de la muerte y renacimiento de Hiram).

La metafísica de la luz de Platón y Plotino influirá profundamente en la Edad Media cristiana, que desde una perspectiva religiosa continuará la labor emprendida por los filósofos griegos. En este sentido, podemos encontrar referencias a esta cuestión en autores como Agustín de Hipona, Dionisio

[6] Plotino: *Op. cit.*, p. 552.

LA LUZ MASÓNICA
¿LUZ DEL ESPÍRITU O LUZ DE LA RAZÓN?

Areopagita, Robert Grosseteste o Tomás de Aquino. Hay que añadir, no obstante, que la propia tradición cristiana no era ajena al simbolismo espiritual de la luz. En el *Antiguo* y en el *Nuevo Testamento* son numerosas las alusiones: en el *Génesis*, los *Salmos*, *Números*, *Daniel*, *Isaías*, etc. Veamos algunos ejemplos:

–Y dijo Dios: «¡Que haya luz!». Y la luz llegó a existir. (Génesis 1:3).

–¡Levántate y resplandece que tu luz ha llegado! ¡La gloria del Señor brilla sobre ti! (Isaías 60:1).

–El Señor es mi luz y mi salvación; ¿a quién temeré? El Señor es el baluarte de mi vida; ¿quién me asustará? (Salmo 27:1).

–Tú, Señor, mantienes mi lámpara encendida; tú, Dios mío, iluminas mis tinieblas. (Salmo 18:28).

–Él revela lo profundo y lo escondido, y sabe lo que se oculta en las sombras. ¡En él habita la luz! (Daniel 2:22).

Pero es, sobre todo, en el *Evangelio de Juan* donde encontramos las referencias a la luz que han tenido más impacto en la masonería. Hay que recordar que los dos Juanes, el Bautista y el Evangelista son considerados todavía hoy como los patronos de la orden masónica y son asociados a los dos solsticios., que los masones celebran como momentos clave del ciclo anual del sol. Las logias masónicas son llamadas, además, logias de San Juan y en aquellas obediencias que conservan la Biblia, cada logia inicia sus trabajos rituales con la escuadra y el compás sobre el Volumen de la Ley Sagrada abierto por el *Evangelio de Juan*. Es decir, sobre estas palabras:

En el principio existía el Verbo, y el Verbo estaba junto a Dios, y el Verbo era Dios. 2Él estaba en el principio junto a Dios, 3Por medio de él se hizo todo, y sin él no se hizo nada de cuanto se ha hecho. 4En él estaba la vida, y la vida era la luz de los hombres. 5Y la luz brilla en la tiniebla, y la tiniebla no lo recibió. (Juan 1: 1-6)

El cristianismo, proclamado religión oficial del Imperio en el Edicto de Tesalónica (380 d.C.), encontró en la tradición filosófica platónica y neoplatónica elementos compatibles con sus creencias y los adaptó para edificar una síntesis filosófico-teológica que se convirtió durante siglos en la ideología dominante de Occidente. En esta síntesis, el simbolismo de la luz ocupó un lugar clave y fue tratado por los mayores teólogos de la cristiandad medieval. Para Agustín de Hipona (354-430), por ejemplo, el ser humano sólo puede conocer las verdades eternas si busca en su interior, porque es allí donde encontrará dichas verdades, pero para ello se necesita que Dios ilumine su alma. Pues «el ojo del alma» necesita la luz incorpórea divina para conocer

LA LUZ MASÓNICA
¿LUZ DEL ESPÍRITU O LUZ DE LA RAZÓN?

las realidades espirituales de la misma manera que el «ojo del cuerpo» necesita la luz del sol para ver los objetos y seres naturales:

> Y guiándome Vos, entré hasta lo más íntimo de mi alma; y pude hacerlo así porque Vos os dignasteis darme auxilio y favor. Entré y con los ojos de mi alma (tales cuales son) vi sobre mi entendimiento y sobre mi alma misma una luz inconmutable; no ésta vulgar y visible a todos los ojos corporales ni semejante a ella, o que siendo de su misma especie y naturaleza, se distinguiese en ser mayor, como sucedería si esta luz corporal fuese aumentando más y más su claridad y resplandor, y extendiéndose tanto, que ocupase con su grandeza el universo. No era así aquella luz de este género, sino otra cosa muy distinta y superior infinitamente a todo lo que vemos.[7]

Esta iluminación divina, necesaria para que el cristiano pueda ver con el ojo del alma las verdades espirituales en lo más profundo de su ser interior, es para Agustín un don natural de Dios hacia el hombre, como hemos visto en la cita del Evangelio de Juan, en el que se inspiró el santo de Hipona. Pero el pecado original corrompe el deseo humano de dirigir su amor hacia las verdades divinas y para restaurar este deseo es necesaria la gracia, es decir, el auxilio divino que nace de la fe. Llevando estás ideas de Agustín al simbolismo masónico podemos ver que la búsqueda interior está presente en la «cámara de reflexión» de algunos ritos, en la cual el profano debe meditar y prepararse para el viaje al «interior de la tierra» (V.IT.R.I.O.L.), es decir, al interior de sí mismo, donde podrá encontrar, si «rectifica» -si lleva a cabo un proceso de depuración-, «la piedra oculta» o sabiduría luminosa, según el dicho hermético. Es necesario, por lo tanto, descender en sí mismo para ser iniciado, lo que en Agustín equivale al encuentro con las verdades divinas. Podríamos preguntarnos también a qué equivale en masonería la gracia de la que habla Agustín, es decir, la ayuda necesaria para que se produzca la iluminación. La respuesta es que es la misma organización iniciática y el venerable maestro en tanto transmisores de la influencia espiritual los que proporcionan el soporte para que el trabajo del iniciado –«tallar la piedra bruta»- pueda prosperar.

Pseudo-Dionisio Areopagita (siglos V-VI d.C.), por su parte, concibe la luz espiritual como irradiación del Bien, que junto con la Belleza y la Verdad son atributos de Dios. Esta irradiación penetra todas las cosas con su luz, de tal forma que el Bien se despliega en una jerarquía de seres que forman la creación, que no es sino una «teofanía»:

> Sucede lo que en el Sol. Sin pensarlo, sin quererlo, por el mero hecho de ser lo que es, ilumina todo lo que de alguna manera puede recibir su luz. Así

---

[7] Agustín de Hipona: *Confesiones*, VII, X, 16. Madrid: Espasa Calpe, 1983, p. 159.

ocurre con el Bien. Muy superior al Sol, como el arquetipo es superior a la imagen borrosa, extiende los rayos de su plena Bondad a todos los seres que, según su capacidad, la reciben. Gracias a estos rayos de Bondad subsisten todos los seres inteligibles e inteligentes, todo ser, toda potencia y operación.[8]

Esta iluminación universal es también una propagación del amor divino en una multiplicidad de seres que pugnan por volver a su fuente, pues toda criatura aspira a la unificación con Dios. Esta asociación del amor con la luz es una característica notable del pensamiento del Pseudo-Dionisio: el amor guarda relación con lo bello como la luz con lo bueno, de tal forma que cuánto más se ama, tanto más se es iluminado. Luz, amor, belleza, bondad, son términos que nos retrotraen a Platón, a un Platón en este caso cristianizado, pues, para el Pseudo-Dionisio, el orden del mundo es la obra de arte de Dios, que es causa de todo lo bello y bueno dotado de forma en la naturaleza. Podemos ver aquí una asociación con la idea de Dios como Gran Arquitecto, que se irá configurando a lo largo de la Edad Media y que pasará como símbolo fundamental a la masonería del oficio. En cuanto al amor, ya en las Constituciones de Anderson se menciona como una de las obligaciones masónicas: «Debéis practicar el amor fraternal (caridad), que es la piedra fundamental, la llave, el cimiento y la gloria de nuestra cofradía.»[9] Está presente también en la logia en los símbolos de los «lazos de amor» -que rodean el templo y que aluden al amor como el principio vital que genera orden y armonía- y de la «cadena de unión» –en la cual todos los hermanos entrelazan sus brazos en torno a la luz para expresar la fuerza del amor fraternal que une a todos los corazones y que asegura la solidez del edificio masónico-.

Ya en el siglo XIII, en pleno auge de la Escolástica, aparece un filósofo franciscano que asigna a la luz un papel esencial en la constitución del cosmos. Se trata de Roberto Grosseteste (1175-1253), que llegó a ser obispo y al que muchos consideran un precursor de la física moderna por su estudio más científico que teológico de la luz. Recibiendo directamente la influencia del neoplatonismo y del Pseudo-Dionisio, Grosseteste explica la formación del universo como resultado de la creación divina, pero su originalidad estriba en que esta creación de la nada comienza con un simple punto que es a la vez materia prima y forma y dicha forma es entendida como luz, sustancia muy sutil que se acerca a lo incorpóreo y cuya propiedad esencial es la de difundirse instantáneamente y permanentemente formando una esfera inmensa. Es decir, que de un punto de luz inextenso se ha generado por irradiación necesaria una esfera luminosa y en esta irradiación la luz ha extendido tam-

---

[8] Pseudo-Dionisio Areopagita: *Obras completas. Los nombres de Dios,* cap. 4. Madrid: BAC, 2002.
[9] Ignacio Méndez-Trelles: *Textos fundamentales de la masonería.* MASONICA, 2021, p. 305.

bién la materia que la acompaña inseparablemente, originando todo el universo. Cuando esta irradiación se agota, el límite exterior de la esfera se convierte en el firmamento, que a su vez refleja la luz hacia el interior engendrando las esferas celestes, que la proyectan finalmente hacia la Tierra. Podemos observar en esta teoría una majestuosa cosmogonía luminosa que Grosseteste aplica también al ser humano, pues el alma hace a este nivel el papel de Dios, obrando mediante la luz en los sentidos y en el cuerpo, es decir, actuando como un intermediario entre la sustancia espiritual y la sustancia material. Esta luz en el hombre es, por lo tanto, tanto espiritual como material y de la misma manera que permite conocer la realidad sensible, hace lo mismo con la realidad inteligible, en este caso mediante la parte superior del alma o inteligencia intuitiva. Vemos como Grosseteste, finalmente, coincide en lo esencial con Agustín de Hipona y su teoría de la iluminación.[10] Esta cosmogonía de la luz puede contemplarla el masón en la apertura de trabajos de la logia, que no es sino un rito mediante el cual el templo masónico es iluminado por la luz espiritual que procede del oriente, donde se sitúan el delta luminoso, el sol y la luna y desde donde el venerable maestro llevará la luz (directamente o por medio del gran experto, según los diferentes ritos) a los pilares de la sabiduría, la fuerza y la belleza para que puedan comenzar regularmente los trabajos.

También al siglo XIII pertenece el que es considerado el mayor filósofo y teólogo de la Edad Media cristiana: Tomás de Aquino (1224-1274). Su inmensa obra, síntesis de toda la Escolástica, está expuesta en sus grandes *Summas* (*Summa Teológica, Summa contra Gentiles*), verdaderas enciclopedias del saber de la época. En ellas también hay un espacio para la metafísica de la luz, a la que Tomás de Aquino se refiere con el término de *claritas,* que junto a la *proportio* y la *integritas* constituyen los atributos del *pulchrum,* es decir, de la belleza. Ya hemos visto la asociación que hacía el Pseudo-Dionisio de la luz y el bien con el amor y la belleza. Tomás de Aquino continúa estas reflexiones, pero si para la tradición neoplatónica que llega hasta el Pseudo-Dionisio la luz baja de lo alto y se difunde en las cosas, para Tomás la *claritas* surge desde abajo, desde la esencia de las cosas, que no es sino su forma luminosa, como habíamos visto en Grosseteste[11]. Es un cambio de perspectiva que no hace sino afirmar el dicho hermético -*como es arriba, así es abajo*- y abre, por lo tanto, la posibilidad de que el ser humano tome consciencia de que su forma, su esencia, es luz. Para esa toma de consciencia ya hemos visto que es necesario un proceso de interiorización, que es a la vez

[10] Véase Étienne Gilson: *La filosofía en la Edad Media.* Madrid: Gredos, 1985, pp. 438-442.
[11] Véase Umberto Eco: *Arte y belleza en la estética medieval.* Buenos Aires: De bolsillo, 2012, pp. 82 y ss.

LA LUZ MASÓNICA
¿LUZ DEL ESPÍRITU O LUZ DE LA RAZÓN?

un salto a la trascendencia -*conócete a ti mismo y conocerás el universo y a los dioses,* estaba escrito en el santuario de Apolo en Delfos-. Interiorización que es parte fundamental del trabajo del aprendiz masón, que debe «descender para luego subir», es decir, desbastar la piedra bruta para alcanzar el núcleo luminoso de su ser verdadero, que mora en su interior más profundo.

Esta metafísica de la luz -algunos de cuyos jalones hemos intentado resumir en las páginas anteriores- alcanza su plenitud, no sólo teórica sino también práctica, en el arte gótico, culminación de la visión cristiana de la belleza y del bien de la creación divina. Se atribuye al abad Suger (1081-1151) las concepciones estéticas que darán lugar al gótico y que se plasmarán en las reformas que él mismo llevó a cabo en la Iglesia de Saint Denis, siguiendo las tesis del Pseudo-Dionisio. Suger fue un hombre polifacético: monje y luego abad, pero también soldado, consejero del rey y regente de Francia. Pero es su faceta de constructor la que ahora nos interesa porque, aunque no era propiamente arquitecto, poseía grandes conocimientos técnicos que le permitieron llevar a cabo una obra grandiosa, que supuso el comienzo de un nuevo estilo artístico donde la luz era la auténtica protagonista. Efectivamente, en la nueva iglesia de estilo gótico, la vidriera ocupa un lugar central, pues al ser atravesada por la luz brilla de forma esplendorosa e ilumina el interior del templo con una claridad sobrenatural, hasta tal punto que es comparado a la Jerusalén celestial. Podríamos preguntarnos quiénes ayudaron a Suger –y a muchos otros abades y clérigos posteriores que continuaron el desarrollo del estilo gótico– en su labor. Algunos autores[12] plantean la existencia de fuertes vínculos entre el simbolismo masónico y antiguos escritos de la Orden Benedictina, a la que perteneció Suger. La masonería del oficio, según esta tesis, se constituirá en esos momentos en el brazo constructor de la Iglesia y desarrollará una labor ingente en la edificación de las grandes catedrales durante los siglos XIII y XIV. Y muchos de los temas y símbolos masónicos -la leyenda de Hiram, el simbolismo del templo de Salomón, la construcción del templo interior, el trabajo de desbastar la «piedra bruta»- están ya prefigurados en las obras de personalidades de la Orden Benedictina como Beda el Venerable, Rabano Mauro, Honorio de Autum, Wilhelm de Hirsau o los monjes de Cluny. Suger y su revolución del arte gótico no fueron sino la culminación de una tendencia que surgió mucho antes, durante la Alta Edad Media (siglos VII y VIII). Es lógico pensar que el tema de la luz pudiera pasar también al simbolismo masónico en un momento u otro de este largo proceso. Pero, como ya hemos visto antes, las pocas alusiones a la luz que nos encontramos en los antiguos documentos de la masonería opera-

---

[12] Por ejemplo, Eduardo R. Callaey: *La masonería y sus orígenes cristianos.* Buenos Aires: Kier, 2006.

tiva pertenecen ya al siglo XVIII y sólo se refieren a las luminarias, con lo cual hay que aventurar la hipótesis de que el rito de «recibir la luz» fue introducido en la masonería -en este caso ya especulativa- en algún momento de mediados del siglo XVIII con la intención de dar forma simbólica a un motivo -el de la luz como emanación del espíritu- que estaba presente en la civilización occidental desde sus inicios.

Las luces de la razón: la masonería y la Ilustración en los siglos XVII y XVIII

Pero queda por examinar una segunda hipótesis: quizás el rito de recepción de la luz iniciática que aparece en el siglo XVIII en los rituales del grado de aprendiz hace referencia a una luz diferente, la «luz de la razón». Es una época que ha sido definida como «Ilustración» o «Siglo de las luces» –*Lumières, Enlightement, Aufklärung* en los idiomas dominantes del momento– en el sentido de que la razón humana se convierte en potencia emancipadora que puede sacar a los seres humanos del obscurantismo y de la ignorancia. ¡*Sapere aude!* –¡atrévete a saber!, es decir, ten el valor de usar tu propia razón– es el lema de la Ilustración, según Kant, que se convierte en la aspiración de toda una época. ¿Pero cuáles fueron las relaciones entre la Ilustración como movimiento cultural e intelectual y la masonería especulativa? ¿Pudo la primera influir en la segunda hasta el punto de introducirse en sus rituales? Esta cuestión, desde luego, merecería un análisis detallado que no se puede abordar en este breve artículo, pero sí que podemos dar algunas ideas al respecto.

Es un hecho reconocido, por ejemplo, que muchas logias se convirtieron durante el siglo XVIII en lugares donde se difundieron las ideas ilustradas de progreso, tolerancia y racionalidad. Los filósofos ilustrados se refugiaron en las logias –y en todo tipo de sociedades y clubes- para poder expresar y compartir libremente sus ideales porque no podían hacerlo en otros ámbitos oficiales, dado el carácter absoluto de las monarquías de la época, sobre todo en Francia y en Alemania. En Inglaterra, país que en ese momento tiene un régimen político más abierto, la masonería tuvo también lazos con organizaciones como la Royal Society, institución fundada en 1662 –y que pronto se convertirá en un referente para el espíritu ilustrado de la época– para fomentar la investigación en ciencias naturales y matemáticas y a la que pertenecieron masones destacados como Alexandre Bruce, Robert Moray, Christopher Wren o Elias Ashmole. En Francia y en Alemania la lista de filósofos ilustrados que frecuentaron las logias es también numerosa: Voltaire, Diderot, D'Alembert, Montesquieu, Helvétius, Lessing, Herder, Goethe, Fichte, Krause, entre los más conocidos[13].

No es descabellado pensar que las ideas de estos grandes pensadores, y de otros no tan conocidos, pudieran tener un impacto significativo en el trabajo de las logias. Aunque no se sabe exactamente cuándo se introdujo la aclamación «libertad, igualdad, fraternidad» en los rituales –hay que esperar a 1859 para que el Gran Oriente de Francia la adopte como propia–, está divisa expresa unos valores que fueron los de la época ilustrada y que están presentes de una u otra manera en el ambiente de las logias del siglo XVIII. En ellas se practicaba, por ejemplo, la igualdad, un principio que era revolucionario en una época en la que todavía estaba vigente la sociedad estamental de origen medieval. Porque, aunque existía una jerarquía basada en los grados, todos los hermanos podían intervenir en la toma de decisiones importantes para la vida de la logia. El símbolo ritual de esta igualdad es el nivel, representado por un triángulo en cuyo vértice superior está fijada una plomada o perpendicular. Es el atributo del primer vigilante y se la considera una herramienta necesaria para la adecuada edificación del masón. La libertad, por su parte, es un valor que estaba ya presente en la masonería del oficio, pues el *francmasón*, a diferencia de los simples albañiles, debía ser de condición libre para poder desplazarse allí donde se le necesitara para prestar sus servicios. En el siglo XVIII está libertad se entenderá como libertad de conciencia y de pensamiento, de acuerdo con los nuevos valores ilustrados. Las mismas *Constituciones de Anderson* reservan la masonería a los «hombres libres», condición que ha sido conservada en todos los ritos: en el R.E.A.A. y en el Rito Francés para ser recibido masón hay que ser «libre y de buenas costumbres» y en el Rito de Emulación «justos, rectos y libres, adultos, de juicio sano y de costumbres estrictas»[14]. En cuanto a la fraternidad, es un término también de uso en la masonería operativa como sinónimo de asociación, sociedad o gremio y que en el siglo XVIII se usará con profusión, poniendo el acento en el «amor fraternal» entre todos los masones, que no es sino un reflejo de la fraternidad y la solidaridad que debe ejercerse entre todos los seres humanos, de acuerdo con el ideal ilustrado.

Los ejemplos anteriores pueden bastar para poner de manifiesto que a lo largo de la segunda mitad del siglo XVII y durante el siglo XVIII, la masonería fue introduciendo una serie de cambios en los rituales que transformaron la organización, a veces de forma sutil, sin perder por ello los elementos básicos de la tradición de la cuál procedía. Estos cambios provenían de in-

---

[13] Véase, por ejemplo, el documentado estudio de Nicola Lococo: *La iniciación ilustrada*. MASONICA, 2016. En esta obra, el autor analiza la contribución de los filósofos iniciados al pensamiento ilustrado.

[14] Véase Daniel Ligou, *Op. Cit.*, artículo *Liberté*, pp 722-723.

LA LUZ MASÓNICA
¿LUZ DEL ESPÍRITU O LUZ DE LA RAZÓN?

fluencias diversas -cábala, hermetismo, rosacruces, templarios y órdenes de caballería- y tuvieron una gran importancia desde el momento en que la antigua masonería operativa fue decayendo y se aceptaron como miembros de las logias a personas que no practicaban el oficio de la construcción. Estos últimos fueron llamados *masones aceptados* y con el tiempo llegaron a ser mayoritarios en las logias y transformaron lo que era un antiguo gremio de constructores en una sociedad iniciática cuyo objetivo era el perfeccionamiento del individuo y el progreso de la humanidad. Parece lógico pensar, por lo tanto, que el rito de recepción de la luz de la ceremonia de iniciación al grado de aprendiz pudo ser uno de los elementos introducidos por esos masones aceptados para reforzar simbólicamente la idea de la necesidad de iluminación racional que el ser humano requiere para «alcanzar la mayoría de edad» de acuerdo con los principios y objetivos de la filosofía ilustrada[15].

El ideal ilustrado de defensa del progreso, la racionalidad, la ciencia y la educación se había ido fraguando desde el final del Renacimiento y había sido preparado por filósofos y científicos, que con sus obras revolucionarias estaban sentando las bases de una nueva sociedad y de un nuevo conocimiento basado en la razón. Algunos de ellos pudieron tener un impacto directo en el nuevo rumbo que iba a tomar la masonería, en sintonía con los nuevos tiempos. Podríamos destacar, por ejemplo, a Francis Bacon (1561-1626), uno de los fundadores -con Galileo- del nuevo método científico y que en su obra de carácter utópico *La nueva Atlántida* presenta una sociedad organizada según criterios racionales y fraternales y en la que la ciencia se ha convertido en una nueva religión civil. Se han observado numerosos paralelismos entre la masonería y la sociedad descrita en esta obra, situada en la imaginaria isla de Bensalem y regida por un colegio de sabios denominado «Casa de Salomón» que trabaja en distintas áreas del conocimiento para el perfeccionamiento del género humano. Los residentes en dicha casa, para ser admitidos, debían pasar por diversas pruebas y hacer juramento de no revelar los secretos que les fueran confiados. Además, debían llamarse entre sí hermanos y daban una especial importancia al número tres. También enfatizaban la importancia de la luz, que para ellos era sinónimo de verdad y se identificaba con la filosofía racional de la naturaleza. De la Casa de Salomón salen «mercaderes de luz» y «mercaderes de lámparas» que van a la búsqueda del conocimiento para poder iluminar a la sociedad de Bensalem.[16] Podemos observar en esta obra de Bacon cómo el tema de la luz se identifica

---

[15] Para Immanuel Kant la Ilustración era precisamente eso: alcanzar la mayoría de edad, haciendo un uso adecuado de la propia razón. Para ello se requiere valor, osadía, de ahí el lema ilustrado: *sapere aude*. Véase Immanuel Kant: *¿Qué es la Ilustración?* Madrid: Alianza Editorial, 2013.
[16] Francis Bacon: *La nueva Atlántida*. Madrid: Akal, 2006.

LA LUZ MASÓNICA
¿LUZ DEL ESPÍRITU O LUZ DE LA RAZÓN?

ahora con la razón y con el nuevo conocimiento científico, desplazando así a la antigua metafísica de la luz de carácter espiritual. La influencia de Bacon en la Ilustración fue muy grande y no se puede descartar que sus ideas influyeran de forma determinante en la nueva masonería del siglo XVIII.

En la línea trazada por Bacon y otros filósofos y científicos del siglo XVII –Descartes, Comenius, Campanella, Galileo, Locke– los ilustrados del siglo XVIII entendieron el simbolismo de la luz como emblema de la razón, la claridad y la verdad frente al fanatismo, el obscurantismo y la ignorancia. Por eso la Ilustración fue conocida como «Siglo de las luces» y la gran tarea de los ilustrados fue la de iluminar las conciencias con el pensamiento crítico. La luz debía disipar las tinieblas del dogmatismo y la superstición para encaminar a la sociedad hacia la justicia, la libertad y la tolerancia. En esa tarea se involucró también la masonería del siglo XVIII, en sintonía con las ideas dominantes de su tiempo.

.⁙.

Hemos visto en lo que antecede cómo las dos hipótesis sobre el simbolismo masónico de la luz tienen argumentos suficientes para explicar el origen y el significado de este momento crucial del rito de iniciación del aprendiz masón. Podríamos afirmar que, en su origen, la luz masónica fue interpretada como «luz espiritual», de acuerdo con esa metafísica de la luz que hemos analizado al principio de este artículo. Y que posteriormente, en consonancia con las nuevas ideas ilustradas, fue reinterpretada como «luz de la razón» e incluida en los rituales que se estaban elaborando en esos momentos. Podría pensarse que esta diferente apreciación de la importancia de la luz es paralela a la distinción entre la masonería operativa y la especulativa, de tal forma que la primera era de carácter espiritual y la segunda de carácter racional, lo que es congruente con el ambiente religioso de las logias del oficio de la Edad Media y del Renacimiento y con el ambiente racionalista de las logias especulativas del siglo XVIII. Pero esto último no puede afirmarse en todos los casos, pues no todas las logias del siglo XVIII fueron racionalistas, hubo muchas de ellas que mantuvieron una fuerte idiosincrasia espiritual o, incluso, mística: un ejemplo importante, entre otros, es el de la masonería iluminista de Martínez de Pasqually, Louis-Claude de Saint-Martín, Jean-Baptiste Willermoz y Joseph de Maistre, de carácter teúrgico y cristiano. En definitiva, mientras algunas logias asumieron la ideología de la Ilustración y reflejaron su interpretación de la luz en los nuevos rituales, otras permanecieron fieles a la antigua concepción espiritual, oponiéndose de forma terminante a las nuevas ideas racionalistas. Y esto es así porque con la constitución de la

LA LUZ MASÓNICA
¿LUZ DEL ESPÍRITU O LUZ DE LA RAZÓN?

llamada «masonería especulativa» ya no se puede hablar de «masonería» en singular, sino de «masonerías», en plural, pues van a ser muy diversas -a veces contrapuestas- las valoraciones e interpretaciones de la orden masónica que se plasmarán en los diferentes ritos, la mayoría de los cuales se constituyen en esta época (el *Rito de York* en 1717-25, el *Rito Escocés Rectificado* en 1778, el *Rito Francés o Moderno* en 1786, el *Rito Escocés Antiguo y Aceptado* en 1801, el *Rito de Emulación* en 1816, el *Rito de Memphis-Misraïm* en 1838-1848, entre los más importantes y practicados todavía en la actualidad).

Como ejemplos de las dos tendencias de la concepción de la luz en la masonería moderna, podemos contrastar el *Rito Escocés Rectificado* con el *Rito Francés*, por ejemplo. En el R.E.R. la luz masónica es claramente una luz espiritual de carácter cristiano, una revelación divina que guía al alma hacia la salvación. La luz se recibe de forma progresiva a través de los diferentes grados, que expresan un avance en la purificación del iniciado. En la *Instrucción por preguntas y respuestas* en el grado de aprendiz nos encontramos el siguiente diálogo:

–¿Cómo se llama la logia?
–De San Juan, todas tienen el mismo nombre.
–¿Por qué?
–Para traer a nuestra memoria a aquel que fue elegido por el G.A.D.U. por venir a anunciar la Gran Luz, que los francmasones han escogido como patrón.[17]

La «Gran Luz» se identifica, por lo tanto, con Cristo y las logias masónicas son llamadas logias de San Juan en memoria del que anunció la llegada de la luz. Todo el simbolismo de la luz en el R.E.R. se debe entender de acuerdo con este hecho. El ser humano, caído en la oscuridad de la materia como consecuencia del pecado original, debe reconciliarse con su creador a través de la mediación de Cristo y restaurar el orden espiritual originario. Y la luz no es sino el símbolo de dicha reconciliación.

En el Rito Francés, por el contrario, el significado de la luz es muy diferente. Se trata en este caso de la luz del conocimiento racional, que debe conducir a la libertad interior del iniciado y al progreso humano. «Recibir la luz» se interpreta, por lo tanto, como la iluminación que permite al masón luchar contra la ignorancia y el fanatismo y lograr la emancipación individual y colectiva. Así, en algunos rituales de aprendiz de este rito, tras los viajes simbólicos el candidato recibe la luz y el venerable maestro le dice: *«Recibid la luz que os sacará de las tinieblas de la ignorancia».* O en otras versiones del ritual: *«Ahora, señor/señora, prepárese para recibir la luz, no solo aquella*

---

[17] Directorio Nacional. Gran Logia Escocesa: *Ritual del primer grado del Rito Escocés Rectificado. Instrucciones por preguntas y respuestas. Grado de aprendiz.* 6009, p. 78.

que golpea los ojos, sino también una luz más pura que ilumina el entendimiento y vivifica la conciencia».[18] A diferencia del Rito Escocés Rectificado, aquí la luz no es una revelación espiritual sino la expresión del conocimiento racional y de la sabiduría y la retirada de la venda simboliza la liberación de la ceguera intelectual. Esta luz que representa el conocimiento se irá ampliando en los grados sucesivos: en el grado de compañero, la luz consiste en la capacidad de aplicar la razón para comprender el mundo -estudio de las ciencias y las artes-; en el grado de maestro, finalmente, la luz se identifica con la verdad a la cual se alza el nuevo maestro después de experimentar la muerte y renacimiento de Hiram.

En definitiva, hemos observado que son posibles interpretaciones muy diferentes de una cuestión sin duda crucial de la iniciación masónica, como es la recepción de la luz por parte del candidato a aprendiz masón. Se pone de manifiesto, de esa forma, que la masonería es un fenómeno plural y que no hay una única explicación posible de los símbolos y de los ritos. Esto puede dar lugar a confusión en un tema ya de por sí complejo por las circunstancias que han acompañado a la orden masónica en su trayectoria desde, al menos, el siglo XVIII. Considerada una organización secreta -algunos dicen *discreta*-, siempre ha estado rodeada de misterio y oscuridad, situación paradójica para una hermandad que, como hemos visto, se propone como objetivo transmitir la luz. ⚒

---

[18] Grand Orient de France: *Cahier des rituels des trois grades au rite français. Grade d'Apprenti.* 6018, p. 64.

Francisco Ariza nació en Córdoba, y reside en Barcelona. Es investigador de la Vía Simbólica y la Tradición Unánime bajo sus diversas formas de expresión cultural. Colaborador de Federico González (1933-2014) publicó durante años (1990-2017) en la revista *Symbolos* fundada por este último. Actualmente publica en *Cultura Masónica* y en *Cuadernos de la Tradición Unánime*, colección perteneciente a Biblioteca Hermética. Dirige *El Taller. Revista de Estudios Masónicos.* Es autor de *Las Corrientes Hispánicas de la Cábala* (Ed. Symbolos, 1993); masonería. *Símbolos y Ritos* (Ed. Symbolos, 2002, y en Libros del Innombrable, 2007); *La Tradición Masónica. Simbolismo, Historia, Documentos Fundadores* (Obelisco, 2008); *La Obra de Federico González. Simbolismo, Literatura, Metafísica* (Libros del Innombrable, 2014); *Tartesos, la Ciudad de Ulía, el Señorío de Montemayor y el Castillo Ducal de* Frías. *Linajes Históricos y Mitos Fundadores* (Diputación de Córdoba, 2016); *El Simbolismo de la Historia. Una Perspectiva Hermética de la Tradición de Occidente* (Libros del Innombrable, 2018); *Los Ciclos Cósmicos en la Historia y la Geografía* (Ed. Vía Directa, La Eliana, Valencia, 2022).

https://www.franciscoariza.com

LA
«LUZ INICIÁTICA»
Y SUS CONTENIDOS
SIMBÓLICOS Y RITUALES

Francisco Ariza

La recepción de la «luz» es sin duda el momento más importante del rito de la iniciación masónica. Ella marca un antes y un después en el desarrollo del rito, que se realiza dentro del recinto de la Logia, en la que el postulante ha ingresado tras haber superado la «prueba de la tierra» en el interior de la «Cámara de Reflexión». Tras esta prueba, y guiado por el hermano Experto, el postulante entra en la Logia con los ojos vendados, o sea en la más completa oscuridad, simbolizando así la *nigredo* alquímica, y en esa condición ha tenido que superar las pruebas por los tres elementos restantes: el agua, el aire y el fuego, pruebas que tienen como fin «reducirlo» a un estado de «simplicidad» que lo haga susceptible de recibir la «iluminación iniciática», o sea la «influencia espiritual», pues en eso consiste esencialmente la iniciación y el rito que la vehicula.[1] En este sentido, es interesante recordar que la etimología de la palabra «prueba», del latín «probus», indica una tendencia hacia el bien, y contiene originariamente la idea de crecer en virtud y en pureza, como es el caso de los metales de «buena ley». Por otro lado, una vez ha sido «probado» por los elementos, el que postulaba a la iniciación pasa a ser llamado «candidato» y «neófito». El primero expresa igualmente la idea de pureza asociada a la blancura («candidus»), mientras que el segundo significa «nueva planta» en el sentido de un «nuevo nacimiento», o la promesa de un nuevo nacimiento.

---

[1] «Quien dice elemento dice simple, y quien dice simple dice incorruptible», señala René Guénon en el cap. XXV de *Apercepciones sobre la Iniciación*.

LA «LUZ INICIÁTICA»
Y SUS CONTENIDOS SIMBÓLICOS Y RITUALES

Las pruebas iniciáticas tienen entonces la función de probar si el que «llama profanamente a las puertas del templo» está realmente cualificado para recibir la «luz», y en este sentido dichas pruebas constituirán las etapas de preparación necesarias para impedir cualquier interferencia psíquica procedente del mundo del cual procede, de ahí el rito del «despojamiento de los metales» impuros incluido también en esas pruebas. La realidad de este hecho solo puede ser verificada por el propio interesado, pues solo él, y como resultado del trabajo interior consigo mismo, tendrá la certeza de haberla recibido en su corazón, o sea en el núcleo mismo de su ser. Por eso en algunos rituales de instrucción a la pregunta: «Dónde fuisteis iniciado por primera vez», se contesta: «En mi corazón».

Siguiendo con la analogía alquímica, ese estado de simplicidad equivale entonces a la «materia prima», o «materia de obra», expresión que en la Masonería adquiere un significado muy concreto relacionado con la construcción del templo espiritual, que no es otro que la «Logia Celeste» haciéndose presente en el alma humana, y de la cual la Logia terrestre no es sino su imagen simbólica. En los antiguos rituales se señala que la Logia es «un lugar muy iluminado y muy regular», precisamente porque en sus medidas geométrico-numéricas y en los símbolos que la decoran se reflejan los mismos principios que rigen el Orden y la Armonía Universal.

No es entonces de extrañar que la «iluminación iniciática» se compare con la acción del *Fiat Lux* proferido por el Verbo del Arquitecto divino, gracias a la cual, «El Orden (Cosmos) surge del Caos»,[2] al igual que del «pulimiento de la piedra bruta» surge finalmente la perfección de la piedra cúbica, un símbolo en miniatura del cosmos.[3] Ya se considere desde el punto de vista macrocósmico como microcósmico, el *Fiat Lux* es el rayo divino cuya vibración emana de las energías espirituales invocadas en el rito, y que determinarán el pasaje del «caos al orden» de las posibilidades superiores contenidas en el ser humano, o sea un proceso de las «tinieblas a la luz», o de la ignorancia al conocimiento. Y este sería uno de los significados de la fórmula masónica «Difundir la luz y reunir lo disperso», siendo lo «disperso» una forma del caos, y «reunir» una manera de referirse al orden cósmico tras el *Fiat Lux*. En este sentido, el rito iniciático y la transmisión de las «energías

---

[2] Recordemos que *Ordo ab Chao* es la divisa de un alto grado masónico, al igual que *Post Tenebras Lux*, «Después de las Tinieblas la Luz», que obviamente tiene el mismo significado. A este respecto ver *Ibíd.*, cap. XXXVI. Aunque estas dos divisas pertenezcan, como decimos, a los altos grados masónicos, ellas, aunque tengan además otros significados, pueden aplicarse perfectamente al proceso que se abre con el rito de la iniciación propiamente dicha.

[3] Las herramientas con que es pulida la piedra bruta, el mazo y el cincel, están asociadas con el trueno y el relámpago, símbolos de un poder espiritual iluminador, como veremos más adelante.

espirituales» que generan ese pasaje de las «tinieblas a la luz», es en realidad una antropogénesis, pues reproduce en el ser humano el proceso mismo de la creación del mundo.[4] Este es el motivo principal de porqué la iniciación se considera en todas las tradiciones como una imagen de lo que fue hecho en el principio, un principio que, siendo atemporal, puede ser experimentado en cualquier momento, de ahí la posibilidad de la iniciación.

Esto último nos lleva a preguntarnos porqué la luz tiene siempre una relación directa con la vida, ya sea la vida corporal o la vida espiritual, sin olvidarnos del alma, la que proporciona al cuerpo físico su «calor vital», siendo el alma misma un «cuerpo sutil» luminoso. La respuesta viene del hecho mismo de que la luz, como estamos viendo, es la primera manifestación del Espíritu o Verbo divino (idéntico al Gran Arquitecto), o sea que en ella está contenido el Principio que determina tanto la vida universal como la vida individual, esta última considerada en su forma sutil y corpórea. Por otro lado, recordemos la frase de San Juan al comienzo de su Evangelio:

> En el principio era el Verbo, y el Verbo era con Dios, y el Verbo era Dios. Este era en el principio con Dios. Todas las cosas fueron hechas por él; y sin él nada de lo que es hecho, fue hecho. En él estaba la vida, y la vida era la luz de los hombres. Y la luz resplandece en las tinieblas. Y las tinieblas no prevalecieron contra ella.

Sin embargo, y al contrario de los ritos en que la «luz» de la influencia espiritual se transmite directamente de maestro a discípulo, en la Masonería, y por el carácter colectivo que revisten sus trabajos debido al origen artesanal de esta tradición, la transmisión de la luz se realiza igualmente de manera colectiva, es decir con la intervención y el soporte de todos los miembros de la Logia, o al menos de un número determinado de los mismos, que en este caso es el de siete, número que hace que una Logia sea «Justa y Perfecta» según la fórmula siguiente: «Tres la dirigen, cinco la iluminan y siete la hacen Justa y Perfecta».[5] Pero como tendremos ocasión de explicar posteriormente, es evidente que la «iluminación iniciática» proviene no de la colectividad humana (o sea de la entidad psíquica conformada por ella, que ciertamente nada tiene que ver con lo que se designa habitualmente como el «egrégor»), sino del Gran Arquitecto del Universo a través del rito iniciático mismo y de los símbolos que lo vehiculan. Siendo más precisos, diremos que el Gran Ar-

---

[4] En el Génesis bíblico esas energías espirituales se vinculan con los *Elohim*, que son precisamente las que participan en la iluminación del caos pre-cósmico y del ser humano, hecho a imagen y semejanza de esas mismas energías. «*Elohim* creó al hombre a Su imagen; a imagen de *Elohim* Él lo creó». Génesis (1, 27).

[5] Siete era también el número de los *Elohim* «iluminadores» del mundo mencionados en la nota 4.

quitecto y la colectividad humana (requerida para llevar a cabo el rito) no son incompatibles en cuanto al acto mismo de la transmisión iniciática, pero sí existe evidentemente una jerarquía entre ambos, como existe una jerarquía entre la vertical y la horizontal, siendo esta el reflejo de la primera, considerando además que la vertical y la horizontal son los símbolos respectivos del Cielo (el ámbito espiritual) y la Tierra (el ámbito humano).

En un capítulo muy importante en relación con lo que estamos tratando[6], René Guénon señala que en la Masonería la «iluminación iniciática» se manifiesta a través de la «presencia» del principio espiritual emanado directamente del Gran Arquitecto, «presencia» que inspira y guía el trabajo colectivo e individual de cada uno de los miembros de la Logia, y es por esto precisamente por lo que ellos, como integrantes de la «cadena de unión» (que en un sentido amplio liga entre sí tanto a los integrantes de una Logia en particular como a todos los masones «esparcidos sobre la faz de la Tierra», ya estén vivos o hayan pasado al Oriente Eterno), actuarían de soporte de ese principio espiritual en el acto de «dar la luz» al postulante, y más aun teniendo en cuenta que dichos trabajos se realizan siempre «en el Nombre» del Gran Arquitecto. En este punto, la frase de Cristo: «cuando dos o tres se reúnen en mi Nombre, yo estoy en medio de ellos» (Mateo 18: 20), explicaría muy bien la naturaleza espiritual inherente al trabajo colectivo y lo que se está significando en ese momento del rito de transmisión de la luz en la Masonería. De aquí podemos colegir que desde el punto de vista iniciático (que no religioso), el principio espiritual representado por Cristo y por el Gran Arquitecto son idénticos en esencia,[7] pues ambos estarían representando el arquetipo del «Hombre Universal», el equivalente del *Adam Kadmon* de la Cábala.[8] Por otro lado, existe una relación entre Cristo y la *Shekinah*,[9] nombre hebreo que alude a la «presencia» de la divinidad en el corazón del ser humano.[10]

La *Shekinah* es también «la luz de Gloria», que en la iconografía y estatuaria medieval -en cuya elaboración intervinieron los distintos oficios ligados

---

[6] «Trabajo iniciático colectivo y 'presencia' espiritual», cap. XXIII de *Iniciación y Realización Espiritual.*

[7] Además, conviene no olvidar que en la Cábala Cristiana el nombre de Jesús y el nombre inefable del Tetragrama divino *Iod He Vav He* son idénticos, pero con el agregado de la letra *Shin* en el medio de las cuatro letras: *Iod He Shin Vav He*. Recordemos también que la letra *Shin* es la inicial de la *Shekinah.*

[8] El *Adam Kadmon* constituye la totalidad de las diez *sefiroth*, o atributos divinos, que conforman el Árbol de la Vida cabalístico.

[9] La *Shekinah* sería la síntesis de las diez *sefiroth* del Árbol de la Vida.

[10] En los *Pirké Avoth* («Capítulos de los Padres», o «de los Maestros») de la tradición judía encontramos la siguiente frase que es prácticamente idéntica a la pronunciada anteriormente por Cristo, confirmando así esa identidad entre este y la *Shekinah*: «Cuando dos o tres estén reunidos alrededor a la *Torah*, la *Shekinah* está en medio de ellos».

con los compañeros y masones constructores-, adquirió una importancia muy relevante en cuanto que ella era la manifestación del «misterio de la luz», es decir de la «teofanía» o la «presencia de la divinidad», certificando en suma la influencia o iluminación espiritual.[11] Por tanto, no ha de sorprendernos que esa misma «presencia» no sea ajena a la fórmula «A La Gloria Del Gran Arquitecto del Universo» con que se abren, presiden y cierran también los trabajos masónicos, estando estos bajo la protección e influencia de esa Luz, fecundadora del «hombre nuevo», o sea del ser humano regenerado por la iniciación.

A propósito de la «luz de Gloria» hemos de recordar que en el Templo de Salomón ella moraba simbólicamente en el Tabernáculo o «Santo de los Santos», es decir en el *Débir*, que contenía el «Arca de la Alianza». Era por tanto el lugar más sagrado del Templo, y su situación al Oriente del mismo evoca naturalmente el Oriente de la Logia masónica (cuyo modelo es el propio Templo de Salomón), en donde figuran las «dos Luminarias» (el Sol y la Luna) situadas a uno y otro lado del Delta Luminoso, el símbolo del Gran Arquitecto del Universo. Asimismo, el término *Débir* tiene la misma etimología de *Dabar*, Palabra en hebreo, y esto nos lleva a la conclusión de que la manifestación de la Luz divina está ligada a su Palabra, a su Verbo, unión expresada en el mismo acto del *Fiat* (Hágase) *Lux* (la Luz). En la iniciación masonica (que recordemos reproduce análogamente el acto de la creación del mundo, es decir de la Cosmogonía) la Palabra y la Luz, están concentradas en el acto mismo de la transmisión de la influencia espiritual, como hemos señalado anteriormente recordando el primer versículo del Evangelio de San Juan, patrón de la Masonería.

Tras estas breves consideraciones que hemos creído necesarias para determinar la naturaleza del principio espiritual y algunos de los aspectos divinos que concurren en el rito de recepción de la luz iniciática, nos centraremos ahora en intentar explicar cómo todo ello conforma una «unidad de acción» para comunicar la influencia espiritual al que se postula por propia voluntad a la iniciación. Que reciba esa influencia o no, ello no invalida la eficacia que en sí mismo posee el rito, siempre y cuando naturalmente este se realice de acuerdo «a los antiguos usos y costumbres» de la Orden. Recordemos que el rito posee una «técnica» y un «arte», de tal manera que toda

---

[11] La «luz de Gloria» guardaría asimismo una estrecha relación con el «rocío celeste», cuyo simbolismo está muy presente en la iconografía masónica, estando relacionada siempre con el «descenso» de las influencias espirituales.

acción ritual determina su propio encuadre, es decir genera el espacio que permite la manifestación del numen, de la idea-fuerza divina. De ahí igualmente la necesidad de que el rito (que no olvidemos es el símbolo en acción) sea llevado por el aprendiz masón a todos los ámbitos de su vida y cotidianidad. Esto es fundamental, como lo es saber que nunca debe realizarlo de manera literal, sino que, como señala Federico González, se trata

> de vivir al ritmo del compás cósmico. No es pues sólo una sistematización de gestos e invocaciones que siempre acaban en forma esclerotizada, sino la intuición de la Verdad y la Belleza reunidas armónicamente en el cuerpo de la Inteligencia Universal.[12]

Es así que el rito de «dar la luz» posee su propia validez, independientemente del estado en que se encuentre quien va a recibirla. Si ese estado es el de «simplicidad» (en el sentido que anteriormente hemos dado a este término), la influencia espiritual no encontrará ningún obstáculo en «iluminar» y por tanto en «despertar» las potencialidades dormidas en su conciencia.[13] En efecto, cuando esa «iluminación» es recibida sin obstáculo alguno, deja en el alma una huella indeleble, que al principio apenas si se percibe (de ahí que dicha iluminación se describa muchas veces como una semilla, o «chispa de luz»), pero que conforme se vaya progrediendo en el proceso se irá ampliando gradualmente, a modo de como lo hace la vibración del sonido al expandirse en el éter, o las ondulaciones producidas por un objeto al caer en las aguas serenas de un estanque o de un río. A propósito de esa «chispa de luz» he aquí la siguiente reflexión de René Guénon:

> En particular, dentro de cada ser, la chispa de la Luz inteligible constituye, si se puede decir así, una unidad fragmentaria (expresión que por lo demás es inexacta si se toma al pie de la letra, ya que la unidad en realidad es indivisible y no tiene partes) que, desarrollándose para identificarse en acto con la Unidad total, a la que es idéntica en potencia (ya que contiene en sí misma la esencia indivisible de la luz, así como la naturaleza del fuego se encuentra

---

[12] *Simbolismo y Arte*, cap. VI: «Arte Teúrgica».

[13] En la tradición cabalística la palabra «luz» se emplea muchas veces para referirse a la almendra, y más concretamente a su fruto, o sea a su núcleo más interior, donde está contenida toda la potencialidad del árbol. También tiene el sentido de «hueso», considerado asimismo como lo más interior y oculto que hay en el cuerpo. A este respecto, René Guénon señala lo siguiente: «Como el hueso de la almendra contiene el germen, y como el hueso corporal contiene la médula, este *luz* contiene los elementos virtuales necesarios a la restauración del ser; y esta restauración se operará bajo la influencia del 'rocío celeste', que revivifica las osamentas desecadas; es a esto a lo que hace alusión, de la manera más clara, esta palabra de San Pablo: 'Sembrado en la corrupción, resucitará en la gloria'. Aquí como siempre, la 'gloria' se refiere a la *Shekinah...*». (*El Rey del Mundo*, cap. VII: «Luz o la morada de inmortalidad»).

por completo contenida en cada chispa), se irradiará en todos los sentidos a partir del centro, y en su expansión realizará el perfecto desarrollo de todas las posibilidades del ser.[14]

En efecto, la expansión de la luz interior se produce en todas las direcciones de la totalidad del ser: en anchura, altura y profundidad, lo que posibilita que a partir de un momento dado del proceso iniciático, y como consecuencia de su trabajo «interior», el iniciado pueda conocer no sólo los estados inherentes a su individualidad en toda la extensión *horizontal* de sí misma, sino también sus estados superiores,[15] o sea el «desarrollo de todas las posibilidades» de su ser, con vista a realizarlas y efectivizarlas. Por eso, el conocimiento teórico de la enseñanza (que indiscutiblemente es necesario) no es empero suficiente para llevar a cabo esa realización, que supondrá previamente haber «superado» los límites del estado humano individual, condicionado por el tiempo, el espacio y las facultades de la mente, facultades que evidentemente tienen su razón de ser dentro de ese estado, al que definen como tal. En este sentido, en el ámbito iniciático, el concepto de «límite» es sinónimo de «orden», de mantener en el «lugar y en el sitio que les corresponde» los distintos elementos que constituyen la realidad del ser individual, despojado ya de las adherencias profanas. De aquí proviene la expresión «signo de al orden», cuya ritualización lleva implícita la acción conjunta de las tres herramientas «directoras» de la construcción exterior e interior: la Plomada (o Perpendicular), el Nivel y la Escuadra.[16]

Por consiguiente, teniendo en cuenta la idea de orden y de límite dentro del ámbito de nuestra individualidad podremos concebir todo aquello que, como decimos, los «supera», o sea lo verdaderamente ilimitado, pero en el

---

[14] *El Simbolismo de la Cruz*, cap. XXIV: «El rayo celeste y su plano de reflexión». Ese «rayo celeste» equivale a la «luz iniciática», y no es otro que el *Buddhi* en la tradición hindú, o sea el Intelecto superior, emanación luminosa de *Atmâ*, el Ser Universal, que no es otro que el Gran Arquitecto del Universo.

[15] En relación con la nota 13, el término *luz*, como núcleo espiritual «concentrado en sí mismo», se corresponde, en la tradición tántrica hindú, con la fuerza de la *kundalini* que reposa replegada en el chakra *muladhara*, en la base de la columna vertebral. Su despertar permitirá que esa fuerza ascienda verticalmente por los restantes seis chakras localizados a lo largo de la columna-eje, hasta alcanzar el séptimo y último, el *sahasrara-chakra*, el que permite la apertura a los estados metafísicos.

[16] Ese «orden» referido al ser individual es un reflejo del Orden cósmico, lo que en las tradiciones hindú y budista de denomina el *Dharma*, la Ley a la que está sujeta toda la Manifestación Universal, nacida del *Fiat Lux* original. A propósito de esto, ese Orden, sinónimo de límite, está incluido en el término *Landmark*, tan importante en la Masonería. En efecto, los *Old Landmarks* («Antiguos Límites») son las reglas inviolables que definen el marco referencial de la «Orden» masónica, así llamada porque ella es precisamente un reflejo del Orden Universal.

sentido *vertical* y trascendente, que es el ámbito espiritual.[17] Se estará así preparado para actualizar las posibilidades inherentes a los estados superiores, o supraindividuales (posibilidades contenidas ya en la «iluminación iniciática»), que también forman parte de nuestro ser (que no solo comprende lo individual sino también lo supraindividual), pues de lo contrario la realización espiritual sería una quimera que solo existe en la imaginación.[18]

Esto nos lleva a considerar nuevamente la importancia del símbolo y del rito como intermediarios que permiten la comunicación de la luz iniciática, y por ende la comunicación con los estados superiores, lo cual no sería posible si el símbolo y el rito fueran una invención puramente humana, ya que entonces no rebasarían el nivel individual y psicológico.[19]

> Los símbolos son esencialmente un medio de enseñanza, y no solo de enseñanza exterior, sino también de algo más, en tanto que deben servir sobre todo de 'soporte' a la meditación, que es el comienzo de un trabajo interior; pero estos mismos símbolos, en tanto que elementos de los ritos y en razón de su carácter 'no humano', son también 'soportes' de la influencia espiritual misma. Por lo demás, si se reflexiona en que el trabajo interior seria ineficaz sin la acción o, si se prefiere, sin la colaboración de esta influencia espiritual, se podrá comprender por eso que la meditación sobre los símbolos toma ella misma, en algunas condiciones, el carácter de un verdadero rito, y de un rito que, esta vez, ya no confiere solo la iniciación virtual, sino que permite alcanzar un grado más o menos avanzado de iniciación efectiva.[20]

Los símbolos y los ritos iniciáticos han sido revelados «por tradición», es decir mediante una transmisión que no tiene un origen en el tiempo, como tampoco lo tienen las leyendas de los grados, las cuales no son muy diferentes de los mitos tradicionales que hablan de un *in illo tempore* para referirse al origen de su cultura, cuando los seres humanos convivían en armonía con

---

[17] Aquí encaja perfectamente ese dicho hermético que dice que: «Dios es una esfera, cuyo centro está en todas partes y su circunferencia en ninguna».

[18] Estas consideraciones parten de la doctrina metafísica de los estados múltiples del ser, cuyo conocimiento debería formar parte de la enseñanza masónica. De hecho, ya está presente en la de los Altos Grados, e incluso en la del grado de Maestro, que señala precisamente el «pasaje» de la enseñanza derivada de la «ciencia de la escuadra» (referida a la Tierra) a la enseñanza de la «ciencia del compás» (referida al Cielo).

[19] En las distintas organizaciones iniciáticas y herméticas del Medioevo (a las que pertenecía la Masonería operativa) era común utilizar la expresión el «lenguaje de los pájaros» para referirse precisamente al conocimiento vehiculado por los símbolos, siendo en este caso los «pájaros» una denominación que se daba a los estados superiores, que no son otros que los «estados angélicos», idénticos a las deidades y númenes celestes en las distintas culturas desde tiempo inmemorial.

[20] René Guénon, *Apercepciones sobre la Iniciación,* cap. XXX: «Iniciación efectiva e Iniciación Virtual».

los dioses. Esas leyendas pueden darnos también una idea del origen no humano de la transmisión iniciática, o sea del rito de «dar la luz», que no es muy distinto al hecho «dar a luz», pues en realidad se trata siempre de «alumbrar» un «nuevo nacimiento».

En la Masonería, la asociación entre la palabra (o el sonido) y la luz se muestra de forma clara en distintos momentos del rito iniciático. En primer lugar, cuando instantes antes de que la venda le sea quitada al recipiendario, el Venerable Maestro (que recordemos representa simbólicamente al Gran Arquitecto) pregunta por orden jerárquico a los dos Vigilantes y al «pueblo masónico» (o sea al resto de los hermanos de la Logia, que representan a toda la Masonería) qué quieren para el neófito, a lo cual ellos contestan «la Luz», y la Luz le es dada a su tercer golpe de Mallete, evocando así el sonido del trueno, sonido que acompaña la aparición luminosa y fulgurante del rayo y del relámpago, fenómenos atmosféricos que en distintas tradiciones siempre han estado vinculados con la Deidad Suprema (Zeus y Júpiter entre los griegos y romanos), y por tanto con su «presencia».[21]

En nuestro artículo «Los atributos simbólicos del Venerable Maestro» (publicado en el Nº 54 de CULTURA MASÓNICA), hablamos precisamente del rito de comunicación de la influencia espiritual, recordando que el trueno (el sonido como símbolo del Verbo) y el rayo (como símbolo de la Luz) son las manifestaciones del Gran Arquitecto considerado como Dios Todopoderoso, *El Shaddai* en hebreo. También añadimos que en algunos Ritos masónicos (por ejemplo el de York o el de Emulación) el Venerable al comunicar ritualmente la luz:

> dibuja en el aire tres gestos con el Mallete que son precisamente los tres trazos que conforman la letra 'Z', evocando claramente el signo del rayo o del relámpago. Pero al mismo tiempo que el Venerable realiza esos tres gestos, los hermanos de la Logia dan tres fuertes palmadas, evocando simbólicamente el sonido del trueno, confirmándose así lo dicho acerca de la importancia iniciática de estos dos elementos celestes en la transmisión de la influencia espiritual.

Pero antes de recibir las primeras emanaciones de la luz iniciática, al recipiendario se lo ubica a Occidente entre la columna «J» y la columna «B». Se halla, por tanto, frente al Oriente, o sea frente a la fuente de la luz, pues co-

---

[21] «Júpiter Tonante», o sea «Júpiter Atronador», era un epíteto dado a este dios por los romanos, y así aparece representado en la iconografía, portando en sus manos un ramillete de rayos (equivalentes al Mallete), de ahí también el apelativo de «Júpiter Fulgente». A este respecto, vale la pena recordar que el rayo es también el equivalente del *vajra* hindobudista, que simboliza la potencia del dios donando la vida espiritual a través de su Luz fulgurante.

mo antes hemos dicho allí se encuentran las dos «Luminarias» y el Delta Luminoso. Ahora bien, entre el Oriente y el Occidente, y a igual distancia de uno y otro, se encuentra el «Cuadro de Logia», en torno al cual se sitúan los tres pilares iluminados de la Sabiduría, la Fuerza y la Belleza. Este Cuadro es llamado así porque en él están grabados los principales símbolos presentes en la Logia, constituyéndose en un soporte que posibilita el «descenso» de las ideas-fuerza que esos símbolos vehiculan.[22] Dicho descenso está representado en muchas logias por la Plomada que pende del techo (o Cielo) de la Logia, y que «cae» en vertical sobre el Cuadro, que en este caso representa el «centro sagrado» de la Tierra,[23] siendo la Plomada otro de los símbolos que expresan la acción ordenadora e iluminadora del Gran Arquitecto.[24]

Fig. 1. Del libro *El Masón Transfigurado*, Viena 1791

---

[22] Sobre la importancia del Cuadro de Logia hemos de recordar que antiguamente era dibujado en el suelo al comienzo de los trabajos, borrándose cuando ellos finalizaban, lo cual indica que sin él dichos trabajos no podrían efectuarse.

[23] De hecho, el lugar donde se deposita el Cuadro de la Logia se considera una «tierra sagrada» en algunos Ritos masónicos.

[24] En efecto, la Plomada «mide» que la profundidad de la luz espiritual recibida en la iniciación llegue a iluminar, y actualizar, todas las potencialidades del ser. Por otro lado, esa Plomada que pende del techo «surge» de una Estrella Flamígera, o sea de una Estrella de Luz, asimismo un símbolo del Gran Arquitecto.

LA «LUZ INICIÁTICA»
Y SUS CONTENIDOS SIMBÓLICOS Y RITUALES

Por todo ello, se puede considerar al Cuadro de Logia como un lugar geométrico de la «influencia espiritual» en la Masonería (Fig. 1), y evocando lo que a este respecto señala René Guénon en el artículo antes citado sobre el trabajo colectivo y la presencia espiritual, dicha influencia se manifiesta en la intersección de todas las «líneas de fuerza» presentes en la Logia, que se expresan de manera nítida en el anudamiento, o enlazamiento, de la cadena de unión, realizada precisamente en torno al Cuadro de Logia y los tres pilares de la Sabiduría, la Fuerza y la Belleza. De ahí la relación del Cuadro de Logia con el «lazo iniciático», por lo que nos es extraño que en dicho Cuadro aparezca siempre una «cuerda anudada» con diferentes número de nudos, simbolizando así el «compromiso» que el iniciado adquiere con la Orden, y por extensión con sus hermanos, cuyas «luces» son muy importantes en su «reconocimiento» como masón.[25] Pero ese «enlazamiento» ha de venir precedido de un «desanudamiento» de los lazos que todavía lo unen al mundo profano, operaciones que tienen mucho que ver con el *solve et coagula* de la Alquimia; por un lado «disolución» de los vínculos con el mundo de «las tinieblas exteriores»,[26] y por otro «anudamiento» con el «mundo de la luz», uniéndolo así al centro mismo de su ser.

Este doble acto está representado en el rito cuando, estando entre las dos columnas J y B y tras serle retirada la venda, el candidato «ve» por primera vez el recinto la Logia, y observa cómo los hermanos le apuntan con una espada. Las palabras del Venerable son bastante explícitas al indicar que el «compromiso» que él ha adquirido con la Orden le exige un cumplimiento que en caso contrario sería un peligroso «retorno hacia atrás» que le impediría su realización espiritual. En este sentido, los hermanos representarían aquí la «conciencia vigilante» del propio iniciado y asimismo la fuerza y «cobertura» sutil de la Orden, que le auxiliará e iluminará en todo momento si su voluntad está guiada por una «recta intención» dirigida siempre en pos de una evolución en el camino del Conocimiento.[27] En este sentido, no hay que olvidar que las columnas J y B están vinculadas a los dos solsticios y a

---

[25] Recordemos que esos nudos son también llamados «lazos de amor».

[26] Dicho «desanudamiento» del mundo profano está ritualizado en el momento en que después de su estancia en la «Cámara de Reflexión», al postulante, tras entrar en la Logia con los ojos vendados, le es quitada la cuerda anudada que lleva en el cuello.

[27] Las dos columnas masónicas representan aquellas otras que estaban situadas a la entrada del Templo de Salomón. Ambas están relacionadas también con la historia legendaria de la Orden, recogida en los *Old Charges*, en donde se relata que dichas columnas rememoran aquellas otras que fueron encontradas por Hermes y Pitágoras tras el Diluvio, y en las cuales fueron grabadas todas las ciencias y artes de la cosmogonía, las que el iniciado masón recibirá a lo largo de su aprendizaje y elevación por los grados iniciáticos.

LA «LUZ INICIÁTICA»
Y SUS CONTENIDOS SIMBÓLICOS Y RITUALES

los dos San Juan, el Bautista y el Evangelista, los cuales, como patrones de la Orden, presiden esos dos momentos «cruciales» del viaje iniciático.[28]

Es perfectamente coherente entonces que en el momento de recibir la luz el recipiendario esté en Occidente y frente al Oriente, el lugar de donde procede precisamente esa luz, la de las dos Luminarias (la Luna y el Sol) y el Delta Luminoso, o sea del «orden natural del mundo» y «del orden espiritual», respectivamente.[29] En este sentido, el Oriente de la Logia ha de tomarse como un reflejo del Oriente arquetípico, sugerido ya por su asociación con el *Dêbir* del Templo de Salomón, así como por las gradas o peldaños que lo separan de las columnas J y B, un espacio que estaría representando al *Hêkal* del mismo templo salomónico. Las luces del Oriente son, con sus símbolos correspondientes, las primeras que el neófito «recibe» y «ve»[30], sugiriéndole así que desde el Occidente hasta el Oriente está todo el itinerario de su viaje, con sus múltiples meandros y sinuosidades, pero que con su «recta intención» y la conciencia clara de la existencia de un centro que se encuentra en la cavidad más secreta de su corazón, será siempre una progresión sobre un camino, o escala, que irá de la Tierra al Cielo (del «orden natural» al «orden espiritual»), o de la Escuadra al Compás. Dicho centro está simbolizado en la Logia por el Delta Luminoso,[31] es decir por el símbolo mismo del Gran Ar-

---

[28] En efecto, el solsticio de verano está vinculado con San Juan Bautista, y por tanto con el «bautismo de agua» y la primera parte (terrestre) del viaje iniciático, de ahí su relación con la Luna y la columna B. Debido a esto, el solsticio de verano es llamado también la «puerta de los hombres», por donde da comienzo propiamente el viaje iniciático. Por su lado, el solsticio de invierno se vincula con San Juan Evangelista, y por tanto con el «bautismo de fuego», de donde su relación con el Sol y la columna J. De ahí que este solsticio se denomine la «puerta de los dioses», a la que el iniciado llegará en la segunda parte (celeste) de su viaje, abarcando así totalidad de los misterios de la Cosmogonía.

[29] Las dos Luminarias del Oriente, el Sol y la Luna, están relacionadas con lo que en la tradición judía se denomina el *Urim* («Luces»), en tanto que las dos columnas del Occidente se refieren al *Tumin* («Perfección»). Si tomamos estas dos palabras juntas, el *Urim* y el *Tumin* significarán «Luces y Perfección», o «Luces Perfectas». Ver a este respecto la obra de Jean Tourniac *Simbolismo Masónico y Tradición Cristiana*, cap. III.

[30] La palabra «ver» procede del indoeuropeo «vid», y se relaciona etimológicamente con otros términos que significan «saber» y «conocimiento», como la palabra sánscrita *Veda*. En este sentido, la «visión» física se considera como un símbolo de la «visión interior», aquella que conduce al conocimiento de la realidad espiritual. Por otro lado, es innegable, que la vista se asocia a la luz, y es considerada como un símbolo del propio «Yo consciente», que actúa como un *Fiat Lux* interior que ilumina nuestro pensamiento, a modo de como «la luz informe revela la claridad de las cosas, (...) porque [y citando a San Pablo en la Carta a los Corintios] ¿quién de los hombres sabe las cosas del hombre, sino el espíritu del hombre que está en él?» (Allan Watts, *La Suprema Identidad*).

[31] Esto nos lleva a considerar el verdadero vínculo iniciático del recipiendario con el Gran Arquitecto del Universo, generado mediante la «transferencia» de su Luz, que es la de los principios ontológicos que el Delta está simbolizando. «En tu luz vemos la luz», leemos en los Salmos 35-10.

quitecto del Universo, que está «entre» la Luna y el Sol,[32] como el recipiendario está «entre» la columna B y la columna J.[33]

Fig. 2

Esa «luz intangible», directamente emanada del Oriente arquetípico, es la que recibe ritualmente el recipiendario cuando, durante el desarrollo de la ceremonia es integrado en la cadena de unión, formada por todos los hermanos alrededor del Cuadro de la Logia y los pilares de la Sabiduría, la Fuerza y la Belleza, luces también llamadas «estrellas», indicando así su origen celeste. Significativamente esos tres pilares son llamados «Pequeñas Luces», recordando así las «chispas de luz» a las que nos hemos referido anteriormente y que son como un germen que ha de crecer en el interior del nuevo iniciado, en «Sabiduría, Talla y Belleza».

En realidad la «recepción de la luz» se completa con el rito de «consagración», palabra que etimológicamente significa «hacer junto a sagrado», o «hacer totalmente sagrado», señalando así el verdadero ingreso en la Orden masónica, razón por la cual el recipiendario y candidato pasará a ser llamado «hermano». Esa consagración es en realidad una «investidura» en el sen-

---

[32] En la simbólica tradicional, la Luna y el Sol, son los dos ojos del «Hombre Universal», representando el pasado y el futuro del devenir temporal, respectivamente. En este sentido el Delta masónico se correspondería con el «tercer ojo», o sea con el instante presente. Precisamente ese ojo está dibujado muchas veces en el interior del Delta en sustitución del Nombre inefable *Iod He Vav He* . También se sustituye por el *Iod* hebreo, que es la primera letra de dicho Nombre, siendo una síntesis de todo él. Por otro lado, no es casual que la forma de la *Iod* recuerde la del ojo, el cual ha de estar dibujado en el Delta de manera que no sugiera si es el izquierdo o el derecho, el pasado o el futuro temporal, sino, como decimos, la del «tercer ojo», que «todo lo ve», o que «todo lo conoce» en la simultaneidad del eterno presente. (Ver Fig. 2).

[33] Estas dos columnas están relacionadas con «la fuerza» y con la idea de «establecer», o sea de construir. Pero es en el Gran Arquitecto donde reside esa fuerza que establecerá en el iniciado los principios que determinarán la construcción de su templo interno, a imagen de la Logia Celeste.

tido antiguo y medieval del término,[34] y ella es realizada por el Venerable Maestro con el Mallete y la Espada Flamígera, que representan como venimos diciendo al rayo (asociado al trueno) y al relámpago, vehículos simbólicos del descenso de la influencia espiritual.[35] El juramento, o promesa, que «sella» la unión con la Orden, y a través de ella con el Gran Arquitecto, se realiza a los pies del Oriente ante el «Altar de los Juramentos»,[36] en el que están depositas las «Tres Grandes Luces de la Masonería»: el Libro de la Ley Sagrada (la Biblia), la Escuadra y el Compás, que son los símbolos respectivos del Verbo (fijado en la letra del Libro, transmitido secularmente por la «cadena de unión»), la Tierra y el Cielo.[37] Durante todo el tiempo que dura la consagración el neófito está «cubierto» por la «bóveda de acero», que representa el Cielo, mientras que su pies están firmemente apoyados en la Tierra. Se comunica así la promesa de una realización plena que el iniciado masón ha de alcanzar a lo largo de su itinerario para llegar a ser un verdadero «Hijo de la Luz».[38]

---

[34] En este sentido, la consagración sería en cierto aspecto como un vestigio de la iniciación caballeresca, que junto a la artesanal y la hermética conformó a la Masonería nacida entre los siglos XVII y XVIII.

[35] «Porque como el relámpago que sale del Oriente y se muestra hasta el Occidente, así será también la venida del Hijo del Hombre.» Esta cita del Evangelio de Mateo (XXIV: 27) tiene una clara analogía con este momento de la iniciación masónica, siendo la «venida del Hijo del Hombre» una expresión que se aviene perfectamente con ese «descenso» de las influencias espirituales emanadas del Gran Arquitecto.

[36] En las Logias del Rito de York y de Emulación el Altar está situado en el centro de la Logia, entre los tres pilares de la Sabiduría, la Fuerza y la Belleza, sin que esta circunstancia en nada altere el sentido y el significado del simbolismo escenificado en el rito iniciático, que es el de señalar de manera invariable la presencia de un centro sagrado en la Logia como «lugar» de comunicación con los estados superiores.

[37] En un sentido amplio la Biblia puede considerarse como la representación de los libros y textos sagrados de todas las tradiciones, pues en ellos se recoge la voz y la presencia iluminadora de la Sabiduría Eterna en todos los tiempos y lugares.

[38] En una etapa avanzada de su proceso de conocimiento el iniciado concibe en su conciencia la realidad de otro nacimiento, puramente espiritual, «alumbrado» por la luz del «Sol de Medianoche», aquel que contemplaban los antiguos iniciados en los «grandes misterios». Esta expresión, «Sol de Medianoche», equivale a las «luminosas tinieblas» de los metafísicos cristianos como Dionisio Areopagita. Como señala a este respecto Federico González en su *Diccionario de Símbolos y Temas Misteriosos*: «Podría decirse que en el viaje iniciático se comienza con la oscuridad de la ignorancia, o el caos que es rasgado por el *Fiat Lux*, dando lugar a un proceso complejo, difícil e iluminado, cuyo final sin embargo puede ser descrito como una oscuridad más luminosa que la luz del mediodía».

Francisco Ariza

EL SIMBOLISMO
DE LA HISTORIA

Una Perspectiva Hermética
de la Tradición de Occidente

Una perspectiva hermética de la tradición de Occidente.
Este libro aborda la Historia como una simbólica significativa sustentada en las fecundas enseñanzas de la Filosofía Perenne, o Tradición Unánime. Gracias a esas enseñanzas, nos dice el autor, cobra un sentido nuevo el
«devenir de la Historia», estrechamente vinculado con el
tiempo y sus ciclos, pero que también está dotado de otra
significación más profunda, de carácter suprahistórico y
metafísico, que es el que se destaca en estas páginas.

Alberto Moreno Moreno es Técnico en Empresas y Actividades Turísticas y traductor. Es miembro de la Logia Oliva-La Safor n.º 112 (Gandía) y del Capítulo de Arco Real Germanies n.º 37 (Valencia). Su interés masónico se centra en la Antigua masonería tradicional y en los orígenes históricos de la Orden, así como en los rituales masónicos y su evolución. Ha traducido obras del autor británico Walter Leslie Wilmshurst (*El Significado de la masonería, La Iniciación Masónica, Pársifal*), y de F. de P. Castells (*Análisis Histórico del Ritual del Santo Arco Real*), aunque su proyecto más popular ha sido la traducción, en siete volúmenes, del texto fundamental del Rito Escocés Antiguo y Aceptado *Moral y Dogma*, de Albert Pike. Como autor ha publicado *Regla Benedictina y Ritual Masónico, Iniciación mística y ritual masónico, Buscando a F. de P. Castells, El origen de los grados masónicos* y *Antropología del ritual masónico*. Igualmente ha compilado el primer *Diccionario Bilingüe de masonería Español – Inglés*. Entre 2018 y 2022 ha formado parte de la Comisión de Rituales de la Gran Logia de España, dirigiendo la traducción del Ritual de Emulación y participando en la traducción del Ritual Domatic del Santo Arco Real. Actualmente está trabajando en la serie *La Formación del Rito Escocés Antiguo y Aceptado a la Luz de los Manuscritos Originales, La Flauta Mágica, ópera masónica* y *La verdadera historia del Réquiem de Mozart.*

VISIBLE EN LA OSCURIDAD

Alberto Moreno Moreno

Cualquier masón recuerda el instante en que, durante su ceremonia de Iniciación al grado de Aprendiz Entrado, le fue conferida la luz. El Venerable Maestro le preguntó qué es lo que más deseaba, a lo que él respondió «La Luz». Este es un requisito indispensable, pues no se puede conceder la luz a quien no la ha implorado. En el Ritual de Emulación se le retira la venda de los ojos al recipiendario mientras todos los presentes dan una fuerte palmada que coincide con el golpe de mallete del Venerable Maestro, mientras que en el Rito Escocés Antiguo y Aceptado la impresión provocada es aún mayor, pues el recipiendario se encuentra de repente con todos los hermanos de la logia apuntándole con la punta de sus espadas, espadas que le defenderán pero también se volverán en su contra si incumple sus juramentos.

Sin embargo, en este breve artículo vamos a hablar de otro momento distinto, que únicamente se da en el Ritual de Emulación, y en el que se hace referencia a la luz, pero en un sentido muy distinto; de hecho, con un sentido mucho más ambicioso e interesante desde el punto de vista simbólico. Se trata de unas palabras que se dicen en el transcurso de la Exaltación al grado de Maestro Masón, justo al comienzo de la *Exhortación* que el Venerable Maestro pronuncia al Maestro Masón recién exaltado. Nos referimos a la frase «Os ruego ahora que observéis que la luz de un Maestro Masón es visible en la oscuridad». Estas palabras se encuentran en el Ritual de Emulación, y solo en este ritual.

Pero, para poder explicar por qué en 1816 los creadores del Ritual de Emulación incorporaron esta expresión, tenemos que remontarnos a ochenta y seis años antes, a la divulgación masónica *Masonry Dissected*, publicada en 1730. *Masonry Dissected* estableció una secuencia de tres tumbas en el ritual masónico, cada una de las cuales tenía una razón de ser muy concreta. Esta secuencia la estudiamos en el artículo titulado *Las tumbas de Hiram Abiff y el tránsito del paganismo al judeocristianismo*, que fue publicado en el número 61 de Cultura Masónica, aunque la repasaremos ahora someramente.

1) La primera tumba de Hiram Abiff es la que nos ocupa ahora. Tanto el Ritual de Emulación como el Rito Escocés Estándar la ignoran, si bien el Ritual Irlandés y el estadounidense Rito de York todavía la mantienen. La razón por la que aparece este primer enterramiento es para asociar la muerte de Hiram Abiff a la expresión «Mediodía en Punto». El texto de *Masonry Dissected* reza:

Examinador. ¿Cómo aconteció la muerte de Hiram Abiff?

Respuesta. En la construcción del Templo de Salomón Hiram Abiff era Maestro Masón, y a Mediodía en Punto, cuando los hombres habían ido a descansar, vino, como era su costumbre habitual, a inspeccionar los trabajos, y cuando hubo entrado en el Templo, había allí tres rufianes, que se supone que eran tres Compañeros del oficio, y se habían situado en las tres entradas del Templo, y cuando fue a salir, uno exigió de él la Palabra de Maestro, y él contestó que no la recibió de esa manera, pero que el tiempo y un poco de paciencia le conducirían a ella. Aquél, no satisfecho con esa respuesta, le dio un golpe, que le hizo tambalearse; fue a la otra puerta, donde siendo abordado de la misma manera y dando la misma respuesta, recibió un golpe más grande, y en la tercera su Quietus.

Ex. ¿Con qué lo mataron los rufianes?

R. Con un mazo de colocación, una herramienta de colocación, y una maza de ajuste.

Ex. ¿Qué hicieron con él?

R. Lo llevaron afuera junto a la puerta oeste del Templo, y lo ocultaron bajo algunos escombros hasta que fue Mediodía en Punto de nuevo.

Ex. ¿Qué hora era esa?

R. Medianoche en Punto, mientras los hombres se hallaban en reposo.

Simbólicamente, el Mediodía en Punto es el momento en que tiene lugar el trance místico, y cuando se nos dice que «a Mediodía en Punto, cuando los Hombres habían ido a descansar, él vino, como era su costumbre habitual, a inspeccionar los trabajos», lo que nos está diciendo el texto es que, mientras otros descansaban, Hiram Abiff experimentaba sus arrebatos místicos. Por esta razón, en *Masonry Dissected* el arquitecto queda sepultado hasta que sea de nuevo Mediodía en Punto (sería absurdo pensar que lo iban a desenterrar para llevarlo a otro lado a la hora en la que precisamente había más luz), y por esto mismo *Masonry Dissected* incurre en la aparente contradicción de decir primero que este luctuoso evento tuvo lugar a Mediodía en Punto, para posteriormente decir que aconteció a Medianoche en Punto. El Mediodía en Punto es el momento del trance místico.

Levantando al maestro, grabado en posesión del Gran Capítulo de Escocia.

2) La segunda tumba aparece en el lugar donde le encuentran los Maestros enviados a buscar a Hiram Abiff. Este segundo enterramiento se debe al uso ancestral de llevar a cabo un enterramiento previo al definitivo, para permitir que la carne se pudra antes de que los restos sean depositados en el lugar definitivo. Esta escena de una tumba que, en realidad, es un pudridero, se debe a que en ciertas sociedades primitivas se identifica el grado de putrefacción del cadáver con el grado de avance espiritual en el más allá. La segunda tumba, donde transcurren los acontecimientos del grado de Maestro Masón, es el pudridero del cadáver de Hiram Abiff. Por ello los rituales masónicos inciden en el hedor que despide el cadáver de Hiram, así como en el hecho de que «la carne se desprende de los huesos».

3) Por último, la tercera tumba cambia según el momento histórico: durante el siglo XVIII se entierra a Hiram Abiff dentro del Sanctum Sanctorum, y a partir de 1800 se le entierra definitivamente «tan cerca del Sanctum Sanctorum como la ley israelita permitía», es decir, fuera de él, «porque nada vulgar o impuro podía entrar en él». Esta tumba, así como el cambio que se da entre el siglo XVIII y el XIX, tiene unas connotaciones simbólicas enormes que exceden la razón de ser de este artículo, pero que se trataron con todo detalle en el citado número 61 de Cultura Masónica. Para aquel que no haya leído dicho artículo, y por mencionarlo de manera excesivamente resumida,

hasta 1800 se enterraba a Hiram Abiff dentro del Sanctum Sanctorum, lo que denotaba que ese aparente Sanctum Sanctorum era en realidad un *adyton* pagano como los que encontramos en los templos griegos (es decir, planteaban el grado de Maestro Masón como una experiencia mística pagana), mientras que a partir de 1800 se le entierra fuera del mismo, ajustándose a la tradición hebrea, y encuadrando la vivencia masónica dentro de un judaísmo que llevará al Santo Arco Real.

John Milton (1608-1674)

Volviendo a la primera tumba de Hiram Abiff, como hemos dicho, esta únicamente aparece en los rituales antiguos porque es necesario informar al recipiendario, aunque sea de manera velada, de que la experiencia que se relata consiste en un trance místico. Sin embargo, tras la Unión Masónica de 1813, en la que se fusionó la Gran Logia de Inglaterra (que ha pasado a la historia como *Los Modernos*) con la Gran Logia de Inglaterra conforme a las Antiguas Constituciones (que ha pasado a la historia como *Los Antiguos*) la

Logia de Reconciliación creó un nuevo ritual denominado Ritual de Reconciliación, pero que es más conocido como Ritual de Emulación debido a que todos los viernes se reúne en Freemason's Hall la Logia de Mejora por Emulación *(Emulation Lodge of Improvement)* para realizar el ritual a la vista de todo aquel masón que quiera acudir a ver cómo se realiza el ritual de manera ejemplar. Si bien en otros rituales propios de la Masonería Antigua, como el Rito de York en Estados Unidos, o el Ritual Irlandés, esta primera tumba se mantiene, en el Ritual de Emulación la primera tumba, cuya función es dejar entrever la naturaleza mística de la ceremonia de Tercer Grado, ha sido eliminada. Por ello los autores del ritual se plantearon necesariamente una cuestión: ¿cómo informamos al Maestro Masón recién exaltado de la verdadera naturaleza del grado? La solución que adoptaron fue la siguiente:

Como sabemos, en el ritual masónico el candidato revive la muerte de Hiram Abiff para, posteriormente, ser levantado por medio de la Palabra de Maestro Masón y los Cinco Puntos de la Fraternidad. Ahora bien, fijémonos con detenimiento en algunos matices del Ritual de Emulación porque, tras sus sutilezas, encontramos un gran contenido. En el ritual encontramos lo siguiente:

> ...un hermano más diligente y experimentado, tomando más firmemente los tendones de la mano derecha, y con la ayuda de los otros dos, lo levantó por medio de los Cinco Puntos de la Fraternidad, mientras los otros, más animados, exclamaban Mahabon o Macbenac, palabras que tienen un significado casi similar, pues uno significa «la muerte del constructor», y el otro «el constructor está muerto».

Obsérvese que los hermanos que asisten al acontecimiento, están «más animados» (*more animated* en el original inglés), al tiempo que exclaman unas frases que se supone que significan «la muerte del constructor» o bien «el constructor está muerto». Es decir, demuestran su alegría ante esta supuesta muerte, que no es en realidad una muerte irreversible.

No obstante, era muy importante dejar constancia en el ritual del Tercer Grado de que lo que se había representado era un *descensus ad inferos*, y que por ello el nuevo Maestro Masón se encontraba ahora en el Hades. Por ello, nada más terminar la Exaltación propiamente dicha, las primerísimas palabras que le dice el Venerable Maestro al pronunciar la *Exhortación* al nuevo Maestro Masón son las siguientes:

> Venerable Maestro – Os ruego ahora que observéis que la luz de un Maestro Masón es visible en la oscuridad...
>
> Worshipful Master – Let me now beg you to observe that the Light of a Master Mason is darkness visible...

Paradiſe loſt.

A

POEM

Written in

TEN BOOKS

By *JOHN MILTON.*

Licenſed and Entred according to Order.

LONDON

Printed, and are to be ſold by *Peter Parker*
under *Creed* Church neer *Aldgate*; And by
Robert Boulter at the *Turks Head* in *Biſhopſgate-ſtreet*;
And *Matthias Walker*, under St. *Dunſtons* Church
in Fleet-ſtreet, 1667.

At once as far as Angels kenn he views
The diſmal Situation waſte and wilde,   60
A Dungeon horrible, on all ſides round
As one great Furnace flam'd, yet from thoſe flames
No light, but rather darkneſs viſible
Serv'd only to diſcover ſights of woe,
Regions of ſorrow, doleful ſhades, where peace
And reſt can never dwell, hope never comes

Portada del *El paraíso perdido*, y el verso 63,
donde aparece la expresión «darkness visible».

VISIBLE EN LA OSCURIDAD

La traducción «visible en la oscuridad» es aceptable. Pero aun así la expresión *darkness visible* tiene unas connotaciones en lengua inglesa que se pierden al traducirla. El poderoso oxímoron *darkness visible* fue creado por John Milton (1608-1674) para describir el infierno en *El Paraíso Perdido* (1667):

> ...yet from those flames no light, but rather darkness visible served only to discover sights of woe, regions of sorrow, doleful shades, where peace and rest can never dwell...

> ...pero de esas llamas no emanaba luz, sino que la oscuridad visible sólo sirvió para descubrir vistas de aflicción, regiones de dolor, sombras lúgubres, donde la paz y el descanso no pueden habitar...

Es decir, lo primero que dice el Venerable Maestro al nuevo Maestro Masón tras su Exaltación es una metáfora que invita al inglés avezado a pensar que se halla *in inferis*, y de esta forma tan elegante se le dice que ha descendido al Hades. Nada más tener lugar el trance del Tercer Grado, el Maestro Masón se halla en el inframundo. Muy probablemente, cuando Milton emplea la expresión *darkness visible*, se refiere a la capacidad de ver en la oscuridad propia del trance astral.

El Paraíso Perdido de Milton es un libro bien conocido por cualquier inglés culto. A diferencia de España, Inglaterra no había tenido un Siglo de Oro, y no gozaba de la riqueza bibliográfica del universo español. Por ello el gran modelo a seguir en la lengua inglesa es la Biblia. No olvidemos que los británicos son protestantes (incluso los anglicanos, por mucho que digan que son *católicos reformados*), y leían la Biblia con verdadera devoción. Pero si, aparte de la Biblia, hay que señalar un libro inglés conocido por cualquier inglés culto, este es *El Paraíso Perdido*. Nos hallamos ante un poema de proporciones épicas, que evoca un vastísimo cosmos que abarca enormes extensiones de espacio y tiempo, pobladas por una memorable galería de personajes. Sin embargo, al situar a un carismático Satanás y a unos Adán y Eva desnudos e inocentes en el centro de esta historia, Milton también creó una tragedia intensamente humana sobre la caída del hombre, en la que se adentraba en temas profundos como el libre albedrío, la desobediencia, el bien y el mal, y la justificación de la voluntad divina. El poema argumenta que la capacidad humana para elegir entre el bien y el mal es fundamental, y que las consecuencias de esa elección son inevitables. La sabiduría aquí consiste en reconocer la libertad de elección y la responsabilidad que conlleva. A pesar de la tragedia de la caída, esta culmina con la esperanza de la redención. El Paraíso Perdido abunda en esta idea, enfocándose en la idea puritana de que la salvación es posible a través de la fe y la perseverancia. Y en el primer libro de *El Paraíso Perdido*, muy al principio, en el verso 63, encontramos la expresión *darkness visible,* que indica al nuevo Maestro Masón dónde se encuentra en ese momento: en el inframundo. ⚒

La expulsión del Edén, grabado creado por Gustave Doré (1832-1883)
para *El paraíso perdido.*

En julio de 1791 un desconocido vestido de gris tocó a la puerta del domicilio de los Mozart. Representaba a un noble que deseaba encargar un réquiem para una persona muy querida para él y que había fallecido recientemente. Sin embargo, esta petición incluía dos extraños requisitos: por una parte, Mozart nunca debería intentar conocer la identidad del noble que realizaba el encargo; y por otra, el compositor no debía quedarse con ninguna copia de la partitura. La certeza de su próxima muerte provocó en Mozart la creencia de que ese desconocido era un enviado del Más Allá, y que el réquiem que estaba componiendo era el de su propia muerte. Mozart falleció dejando el *Réquiem* inconcluso y sin saber quiénes eran ni el hombre de gris ni el noble detrás del encargo. Pero en 1839, un anciano director de coro llamado Anton Herzog, que casi cincuenta años antes había dirigido el coro en el estreno del *Réquiem*, puso por escrito las circunstancias que rodearon el encargo y composición de esta obra, aunque su testimonio fue censurado por la administración imperial y no se pudo publicar hasta el siglo XX. En este breve ensayo nos adentraremos en la identidad del peticionario y la luctuosa pero bella historia que hay detrás de esta missa pro defunctis; veremos cómo diversos compositores tomaron parte en la finalización de la partitura, y cómo Constanze Mozart maniobró para rescatar la propiedad de la obra y publicar finalmente, bajo el nombre de su difunto marido, este *Réquiem*, sin duda el más asombroso de la historia de la música.

Pere Sánchez Ferré, es Doctor en Historia Moderna y Contemporánea por la Universidad de Barcelona (1988). Miembro fundador del Centro de Estudios Históricos de la Masonería Española (1984). Ha impartido cursos en varias universidades sobre historia de la masonería, sus doctrinas y su lenguaje simbólico. Algunos sus libros publicados son: *La maçoneria a la societat catalana del segle XX. 1900-1947*, Edicions 62, Barcelona, 1993; *El caballero del oro fino. Cábala y alquimia en el Quijote*, MRA ediciones, Barcelona 2002; *La masonería y los masones españoles del siglo XX. Los pasos perdidos*, MRA ediciones, Barcelona, 2012; *La masonería. Símbolos, doctrinas e historia*, Ediciones Idea, Santa Cruz de Tenerife, 2015; *El alma, el espíritu y el sentido. Las mutaciones del lenguaje en la espiritualidad occidental*, Olañeta Editor, 2016. Igualmente, ha publicado más de 40 trabajos sobre historia de la masonería, la tradición iniciática y el hermetismo.

LA LUZ

Pere Sánchez Ferré

El vocablo 'luz' procede del latín *lux-lucis*, 'luz', y puede referirse tanto a la luz visible, exterior, como a la de naturaleza espiritual y hermética, cuya imagen es la luz que el neófito recibe en la iniciación.

La metáfora de la luz es la forma más antigua y universal que existe para referirse a la divinidad. Lo mismo podemos decir del Sol, como afirmaban egipcios y griegos, pues sabían que el Sol que vemos oculta otra luz viva que no vemos.

Pues hay otro Sol, otra luz: está oculta en el ser humano y es precisamente el objeto de la iniciación, ya que no es el hombre de los sentidos exteriores, carnales quien es iniciado, sino el hombre solar, interior, el que posee un sentido oculto que debe ser restaurado.[1]

---

[1] Véase Pere Sánchez Ferré, *Tradición iniciática y elementos profanos en la masonería contemporánea*, MASONICA, 2025.

QUÉ ES LA LUZ

La luz se contempla. Se corporifica. Se come, dice la cábala, se asimila. Es siempre inmaculada, pues nada la mancha. En la masonería, la luz está asociada a la Palabra.

El origen de la luz es el fuego, el Sol, origen de todos los fuegos. El fuego es el elemento más generoso, pues cuanto más se da, más crece. Por eso se asocia al amor.

Todo hombre contiene una piedra bruta en la que se encuentra, oculta y dormida, una porción de ese fuego, un núcleo ígneo de luz. La luz es de naturaleza electromagnética.

LA TRANSMISIÓN DE LA LUZ

«Hemos nacido de la luz», dice el Evangelio apócrifo de Tomás (89, 32). El misterio del nacimiento de esta luz es una experiencia física, sensible pero secreta, y se representa en la iniciación masónica de la forma más impactante posible. Es un camino que va de las tinieblas a la luz.

Lo que se revela al iniciado es la verdadera naturaleza de su piedra solar, de su Dios, gracias al influjo iniciático.

Es preciso entrar en unas tinieblas misteriosas para recibir la verdadera luz, como lo dice *El Mensaje Reencontrado* (XXXVII, 54'):

> La luz de Dios fecundará primero nuestras tinieblas interiores, después, nuestras tinieblas manifestarán la luz de Dios.[2]

Mora en nosotros un dios de luz que duerme y debe despertar; por lo tanto, esta luz de la iniciación se contempla dentro y no fuera de uno mismo. Veamos a continuación tres ejemplos sobre el surgimiento de la luz:

> Dios es mi luz y mi Salvador», dice el Salmo 26, 1; y de otra manera lo repite el Evangelio de Juan (12,46): «Yo he venido como luz del mundo».

Todas las logias eran y son de «san Juan», y existen razones que evidencian la afinidad entre este Evangelio y las doctrinas masónicas. Se trata precisamente de la importancia dada a la luz como manifestación del Verbo, es decir, la Palabra perdida que debe ser reencontrada:

---

[2] Louis Cattiaux, *El Mensaje Reencontrado*, la última edición en español es de Herder, 2023. Hay ediciones en diversas lenguas. Su original es francés.

LA LUZ

En el principio era el Verbo [*Logos*] (…). En él estaba la vida y la vida era la luz de los hombres (…). El Verbo era la luz verdadera (…) y el Verbo se hizo carne y puso su morada entre nosotros... (Juan 1, 1-14).

Estos primeros versículos de Juan contienen todo el misterio de la iniciación masónica y también su objetivo: recibir la luz de Dios, que es la vida pura, y encarnarla en nosotros para así convertirnos en «hijos de Dios». (Juan I, 12).

«Creed en la luz para que lleguéis a ser hijos de la luz», dice el mismo Evangelio (12, 36). Y en otro pasaje Jesús afirma de sí mismo: «Yo soy la luz del mundo» (8, 12).

Es significativo el hecho de que, en griego, *phos* significa tanto 'hombre' como 'luz' (*phos-photós*). Y de ahí proviene *phosphoros*, 'portador de luz', que en latín es *lucifer*, 'luminoso', 'brillante'; de *lux-fero* 'portador de luz'.

Por eso en el Evangelio de Juan se dice que «no era él la luz, sino para que diera testimonio de la luz». (1, 8) Él fue el portador de la luz, en griego *Phosphoros* y en latín *Lucifer*, pues sin el soporte de la fuerza humana interior la luz no puede manifestarse.

Aquí estamos en la médula de los misterios iniciáticos, puesto que la iniciación es un nuevo nacimiento, por el que se nos transmite la nueva vida, pura, hecha de Luz.

De hecho, en cada iniciación se emula el Libro de Génesis. Cuando leemos «Sea la luz» (1, 3), la cábala explica que se trata de que un hombre ha recibido la luz[3], y esta es la verdadera creación. En términos masónicos, muere como profano y nace como mason.

En la iniciación, los masones han recibido algo de esa luz, una influencia espiritual, un reflejo de la luz creadora, pues se transmite y recibe el *espíritu antiguo de la masonería*, un primer impulso, muy sutil, tenue, pero real.

A lo largo de los siglos se ha transmitido esta influencia espiritual, que en la actualidad pervive en la masonería tradicional. Fueron los antiguos sabios, los verdaderos Grandes Maestros quienes la recibieron y la transmitieron. Naturalmente, la ciencia y los historiadores no estarán de acuerdo con esta explicación, pero ellos no nos iluminarán jamás; el Espíritu que inspiró a los antiguos sabios, sí.

---

[3] Escribe el alquimista Eugenio Filaleteo que, cuando leemos este pasaje bíblico, debemos entender que un hombre ha sido iniciado, iluminado. Y así comienza la verdadera iniciación: «Magia adámica», en *La Puerta. Magia*, ed. Obelisco, Barcelona, 1993, p. 27 y ss.

SOL, FUEGO Y LUZ

En todas las civilizaciones los hombres han asimilado la luz a Dios, y también el Sol a Dios, por una razón muy profunda, oculta, pero también a causa de una evidencia: la fuente de toda luz y de toda vida es el Sol, que es más que fuego, como explican nuestros antepasados: por ejemplo el pseudo Plutarco, comentador de Homero[4], quien dice que el Sol es más que fuego, es la divinidad. Orígenes –padre heterodoxo de la Iglesia antigua– dirá que la luz del Sol es Dios[5]. La luz del Sol que vemos es su vestidura luminosa, que en realidad lo oculta.

Además del Sol celeste, hay otro sol que está en el hombre, oculto, oscurecido y dormido, frío. Los alquimistas afirman que está congelado y es un oro, por eso Heráclito decía que el Sol «tiene el ancho de un pie humano» (680 / 22 B 3), ya que el pie es el fundamento del hombre, lo más inferior o bajo. Allí está la divinidad.

Pero no hay luz sin fuego, que es su origen. Y aquí volvemos a encontrar la afinidad entre la Palabra y el fuego, como podemos leer en *Jeremías* 23, 29: «En verdad, aquí mi palabra es como fuego, dice IHVH».

También Cristo dice que «he venido a derramar fuego sobre la tierra» (*Lucas* 12, 49). Se refiere a la iniciación: el Espíritu, como lengua de fuego, se derrama sobre la tierra humana.

En ciertos doctrinarios masónicos, el hecho de que esa luz se contempla dentro y no fuera es a veces obviado, e incluso en ciertos rituales del siglo XIX y primer tercio del XX, se dice, entre varias cosas, que es la luz de la ciencia y del progreso, lo cual no tiene nada de iniciático.

Afortunadamente, la Tradición iniciática subsiste y la Luz siempre vence a las tinieblas, a pesar de las apariencias.

---

[4] *Sobre la vida y la poesía de Homero*, II, 105.

[5] Orígenes, *Tratado sobre los Principios*, 1.3.8 y 2.8.3. Dice también que *psyjé* (alma) viene de frío, *psyjrós*, porque está en el polo opuesto a la luz del Sol celeste, en nosotros, sepultada, congelada.

Al aspirar la masonería latina -y en particular la española- a convertirse en la abanderada de las libertades y de la secularización de la sociedad, se convirtió más en víctima que en protagonista de este proceso, pues terminó introduciendo valores y significados profanos en sus símbolos y doctrinas.

Ante la presión social, cultural y política, y a fin de no quedar relegados en el camino hacia el progreso y la libertad, los masones introdujeron numerosos valores del todo ajenos a los contenidos propios de la Orden, en lugar de leer iniciáticamente la realidad circundante e intervenir en ella en sentido masónico.

La consecuencia fue que se hicieron interpretaciones nuevas de los símbolos y las enseñanzas masónicas tradicionales, presuponiendo, por contagio del mundo profano, que lo moderno era siempre superior a lo antiguo y que si no actualizaban el saber tradicional, no les servía.

Este proceso de resignificación vació de contenido iniciático una parte significativa del corpus doctrinal y simbólico de la Orden. Ello ha supuesto, en muchos casos, el olvido y el desconocimiento del sentido original de sus símbolos y doctrinas. Son los signos de los tiempos.

Jorge Rodríguez Ariza (Barcelona, 1984) es doctor en Historia del Arte por la Universitat Autònoma de Barcelona. Su tesis trató sobre el culto y el simbolismo de la Virgen negra. Es especialista en arte sagrado y simbología. Ha impartido durante cuatro años, como profesor asociado del Departamento de Arte y Musicología de la UAB, las asignaturas de Arte románico, Lectura de la imagen artística, Arte Romano y Arte Bizantino. Actualmente es profesor del Diploma de Mitología en el Institut Superior de Ciències Religioses de Barcelona. Desde hace una década trabaja en el Museo del Monasterio de Sant Cugat desarrollando proyectos para la investigación y la divulgación del lenguaje del arte medieval.

Ha publicado diversos artículos académicos en revistas especializadas y capítulos de ensayos sobre arte, simbología y tradición sagrada. Su último trabajo ha sido realizado para el libro colectivo *Ciencia y metafísica* (Ed. Ignitus/Sanz y Torres) coordinado por Javier Alvarado y Jacobo Núñez y lleva por título «Aproximación a la metafísica de la Escuela Tradicional y a su lenguaje».

Recientemente ha emprendido un proyecto que lleva por título *Symbolon Artis*, donde difunde sus estudios sobre simbología en diferentes soportes y ofrece formaciones y vistas guiadas (symbolonartis.com). Colabora en diferentes plataformas dedicadas al estudio y la divulgación del arte sagrado y la tradición, como la revista digital *Ars Gravis*, el Seminario de Pensamiento Hermético del Ateneu Barcelonés, la escuela Psicocymática o el Potcast «El Libro Rojo».

APRECIACIONES SOBRE EL SIMBOLISMO DE LA LUZ

Jorge Rodríguez Ariza

Simbolismo general de la luz dentro de la tradición occidental

No resulta sencillo abordar el simbolismo general de la luz en unos márgenes estrechos como los que nos hemos propuesto. Estrechos sí, porque necesitamos después volcar toda esa simbología lumínica dentro de la misticología de la orden masónica, una hermandad cuyos miembros son denominados, justamente, Hijos de la Luz.

Diremos, para empezar por algún lado, que los pueblos indoeuropeos conciben la divinidad como luminosa. La que reconocían como deidad más alta, antes de dividirse en distintos grupos, era portadora de un nombre que prácticamente todos ellos conservaron más o menos puro: *Dyeus*. De él se deriva el nombre latino de *Iuppiter* y los comunes *dies* (día) y *deus* (dios), así como el del griego *Zeus* y las palabras sánscritas *dyaus* (cielo) y *devah* (dios)[1].

En la filosofía del mundo griego antiguo, la luz simbolizaba la vida, el bien y el conocimiento de la verdad. En la célebre alegoría de la caverna, el Sol representa la idea del Bien, máxima fuente de verdad y realidad. Ciertamente, para Platón, «ver la luz» significa comprender lo real más allá de las apariencias.

La mitología, que es una forma de verdad sin sostén histórico, también nos permite abordar la cuestión simbólica de la luz de modo eficaz. Pensamos por ejemplo en Apolo, dios del sol, de la armonía y de la profecía. El hijo del también luminoso Zeus unido con la titánide Leto encarna la luz que ordena y armoniza el cosmos, que guía al alma y que permite, igualmente, la verdadera creación artística. Este dios oracular es uno de los ejemplos más interesantes para dejarnos atravesar por el misterio de la luz divina. Su hermana

---

[1] ELIADE, Mircea, *Historia de las ideas y de las creencias religiosas*, Madrid, 1978, Vol. I, p. 205.

gemela Diana, que guarda estrecha relación con la luna, es también una figura fascinante. De hecho ella nace antes que su hermano y lo primero que hace la diosa es ayudar a nacer a Apolo[2]. Esta imagen resulta muy interesante porque nos presenta a la noche precediendo al día; a la luna trayéndonos al sol. FIG. 1. En efecto, la luz nace de las tinieblas.

La cultura semítica, por su parte, también aborda el simbolismo de la luz

FIG. 1. Leto con sus hijos Apolo y Diana, Anton Raphael Mengs, 1769

en términos profundamente espirituales. En el Antiguo Testamento, la luz representa la trascendencia de Dios y su presencia: «Te vistes de belleza y majestad, la luz te envuelve como un manto» (Sal 104, 2); «Su esplendor era como la luz» (Hab 3,4). La luz es también símbolo de vida y de salvación, alegría y seguridad. Escribió el salmista: «¿Quién podría darnos la dicha, si la luz de tu rostro ha huido de nosotros?» y también: «El Señor es mi luz y mi salvación: ¿A quién temeré?» (Sal 27,1); «En las tinieblas brilla una luz para los honrados» (Sal 112, 4).

Esta misma concepción continúa a lo largo del Nuevo Testamento, dentro del cual se entiende que la gloria de Yahvé está presente en el Mesías, el Hijo de Dios. En el Evangelio de Lucas, Simeón, con el Niño Jesús en sus brazos y parafraseando a Isaías, proclama que éste es «la Luz de las naciones» (Lc 2,32) FIG. 2.

Más adelante, en lo alto del monte Tabor, Cristo, como imagen de Dios, aparece radiante durante la Transfiguración acompañado por Moisés y Elías, quienes llegan desde la esfera divina. Retomaremos más tarde esta luz tabórica, pues resulta clave en el proceso de estudio de la luz que no se ve con los

---

[2] No en vano Diana es la protectora del parto y de las mujeres embarazadas.

ojos de la carne, esto es, la luz que compete a las vías que son verdaderamente iniciáticas y mistéricas.

Resplandecientes son también los ángeles mensajeros (Mt 28,3) y los apóstoles, a quienes Cristo dijo «vosotros sois la luz del mundo» (Mt 5,14-16). En el texto joánico la luz tiene una preeminencia especial que recorre todo su Evangelio, pues ésta es la plenitud de vida; no existe para Juan una luz diferente ni anterior de la vida misma y, por esto mismo, la única verdad es esta plenitud de vida contenida en el proyecto divino: «La palabra se hizo carne y habitó entre los hombres» (1,14); «Yo soy la luz del mundo; el que me sigue no andará en tinieblas» (8,12) FIG. 3. Así es y así lo recordaremos después, pues he aquí una de las claves del asunto: La luz del mundo, que nació en medio de la noche más profunda, en las tinieblas de este mundo, en un miserable pesebre, en una cueva…esa luz es la que guía al iniciado, a aquel que ha nacido por segunda vez.

FIG. 2. Simeón con el Niño Jesús en brazos (detalle)
Fra Angelico, 1442.

Dentro del lenguaje cristiano, adherirse a Jesús implica ir en contra de las tinieblas, que en este contexto representan la mentira, la desgracia el castigo y la muerte: «Los hombres han preferido las tinieblas a la luz, porque su modo de obrar era perverso» (Jn 3, 19); «Las tinieblas no le recibieron [al Verbo hecho carne]» (Jn 1,4-5).

El naciente cristianismo –judío pero fuertemente helenizado–, y toda la teología posterior, verán entonces aparecer una concepción de la luz profundamente arraigada a la vía helénica y a la judía, esto es, al mundo indoeuropeo y al semítico. El rito del bautismo, por ejemplo, en los tiempos de los padres de la Iglesia era denominado *fotismós*, «iluminación», puesto que da la luz al hombre nuevo, lo alumbra; el que había vivido en las tinieblas recibe los dones del Espíritu Santo que lo va a iluminar interiormente. Es por esto que los recién iniciados en el cristianismo mediante este rito eran llamados *fótiscentes*, (iluminados). San Justino, y como él otros padres de la Iglesia, recuerdan a este respecto que, cuando Jesús fue bautizado, «el fuego se encendió en el Jordán».

La luz masónica

El misterio de la luz está profundamente conectado con el misterio de la regeneración del hombre y de sus facultades y medios de conocimiento. Sí, el hombre puede renacer dentro de esa luz una vez experimentada y puede, además, comunicarla. Tal es el objetivo genuino de la iniciación masónica.

En efecto, la búsqueda de la luz constituye el eje estructural de toda la vida masónica desde la iniciación del recipiendario. Luz y no iluminismo. Poco o nada demuestran ser los valores ilustrados si los colocamos junto al rito masónico. Es de justicia reconocer, sin embargo, que a partir del siglo XVIII ciertas masonerías adoptaron el iluminismo y devinieron espacios para la difusión de las ideas ilustradas: conocimiento racional, cientificismo y progreso social externo. Nada más alejado del espíritu que debería guardar celosamente una orden como la de los Hijos de la Viuda.

Pero volvamos a los caminos de la masonería genuina. Antes de acceder al rito en el interior de la logia, el profano se encuentra en una condición de oscuridad que refleja tanto la ignorancia como la fragmentación de su comprensión del mundo y de sí mismo. Esta oscuridad no es solo ausencia de conocimiento, sino una representación de la limitación perceptiva y de la necesidad de orientación moral y espiritual.

FIG. 4. Escena masónica de *The Iconographic Encyclopaedia* (1851)

Avanzado el rito, al solicitar la luz, el aspirante reconoce su incapacidad de ver con claridad y manifiesta el deseo consciente de superar esa condición. El acto de pedir luz marca el inicio de un camino que es simultáneamente externo e interno: externo en la formalidad del rito y la recepción de símbolos, signos y toques; interno en el movimiento de autoconocimiento y reflexión que el rito suscita. FIG. 4.

Conviene señalar que la entrada en la logia simboliza un umbral, una zona liminal: cruzar de la oscuridad a la potencialidad de la iluminación, donde cada gesto ritual prepara al iniciado para la experiencia que va a transformarlo. La luz, entonces, no se entrega como algo sencillamente físico, sino que se despliega como un principio activo, capaz de despertar la conciencia y orientar la percepción del iniciado hacia lo esencial. La luz física no es más que una imagen de la verdadera luz.

Como resulta evidente, en este contexto la búsqueda de la luz no se limita a un instante ritual, sino que se convierte en un proceso en el que cada etapa del rito y cada símbolo actúan como herramientas para revelar aquello que estaba oculto, preparando al masón para integrar esa gnosis en su vida.

La oscuridad inicial y el tránsito hacia la luz estructuran así una narrativa simbólica que refleja el viaje universal del ser humano hacia la sabiduría y la autorrealización. La iluminación, por tanto, se concibe como experiencia interior mediada por símbolos, donde la luz funciona como guía constante y espejo de la nueva conciencia en formación. La búsqueda de la luz se convierte así en un proceso de transformación progresiva: del desconocimiento al discernimiento, de la confusión a la claridad, y de la pasividad a la responsabilidad consciente, estableciendo el fundamento sobre el cual se desarrollarán las siguientes etapas del trabajo masónico. El profano muere en las tinieblas y es alumbrado como aprendiz masón tras el rito. Vemos, pues, como la luz es en realidad el primer símbolo que se le presenta al neófito; símbolo que encontrará de nuevo alumbrando su camino mediante otros símbolos. Ejemplos interesantes son el Delta, la estrella flamígera, los tres pilares sobre el pavimento mosaico (las luces menores) o las tres grandes luces de la francmasonería: la escuadra, el compás y el volumen de la Ley Sagrada.

Visto así, comprobamos como la luz, esa primera luz que recibe el neófito, es en realidad algo más que un símbolo. Parece, más bien, aquello que da vida a los propios símbolos. Sin esa luz primera, nada de lo que hay en el templo ni en los ritos puede leerse ni devenir soporte para la influencia espiritual, esto es, ser un símbolo tradicional.

Esta es la primera parte del camino.

La segunda parte -si es que tiene algún sentido esto de marcar etapas- ocurre durante la elevación al grado de maestro, donde la luz sigue actuando. No podemos desvelar todo cuanto ocurre en ese rito, si bien es imposible no hacer algunas alusiones a la simbología que guarda, la cual, todo sea dicho, de nada sirve si únicamente se expone desde la teoría y sin la práctica de un ritual adecuado. En cualquier caso, y en aras de la discreción, haremos sólo una pregunta que únicamente entenderán algunos: ¿Qué es lo que se levanta al final de ese rito? ¿Qué cuerpo es ese?

Cierto que de entrada lo que ocurre ahí es virtual, es un algo así como psicodrama. Pero el psicodrama masónico, más que hacer entender intelectualmente los símbolos busca hacerlos experimentables mediante su integración en el corazón del iniciado a través de gestualidades y palabras sagradas que el simbolismo transmite. Y por ello mismo, atravesar un rito implica muchas veces plantar un semilla que, si germina, permitiría al masón operar en otras regiones de la realidad humana si el iniciado persevera en la senda de la luz.

Pero hablemos claro. Sin la intervención de la verdadera luz todo eso es estéril. Si no hay una luz que ilumina desde dentro a esas las formas simbólicas, estas no son más que cáscaras vacías, formas muertas. Esa luz inicial, esa luz de luces, es realmente fundacional para la existencia de cualquier rito que pueda llamarse masónico.

Aquello que vivifica las formas y los símbolos de un rito es lo que Paracelso llamó la *luz de la naturaleza*, esa luz que no es la del sol pero que es su complementaria. La del astro es exterior, la otra es interior. A esa luz misteriosa se la ha llamado también *sol de medianoche*. Cuando ese sol despierta, produce la iluminación, trae la luz verdadera. Luz y tiniebla, blanco y negro. Ajedrezado.

Según Raimón Arola, «la tarea del pensamiento simbólico es la de poner de manifiesto este *sol de medianoche* que ilumina el camino del espíritu y que se incuba en el secreto de las tinieblas»[3]. En efecto, esa chispa tenebrosa –así la llama la tradición esotérica de judaísmo- es lo que la práctica del símbolo nos permite detectar en la oscuridad de este mundo caído. Ese mundo que somos también nosotros mismos en nuestra condición actual. Una condición que puede ser superada, trascendida, iluminada. Eso lo saben bien los santos, los sabios y los magos. Tres de ellos, de hecho, siguiendo una luz en la noche en forma de estrella encontraron a la Luz del Mundo, al Hijo de Dios. ¿Dónde? Dentro de una oscura cueva, en medio de la noche, en la estación del año en la que la oscuridad es más profunda. Y ahí, en esa gruta, lo más alto vino a lo más bajo y lo más bajo se hizo como lo más alto. La tierra celeste, el cielo terrestre. Unión. *Symbollon*.

Sí, aquel niño que salió de dentro de la materia prima y pura es la luz del mundo y quien le sigue no anda en tinieblas (Jn 8, 12). ¿Pero quién se atreve-

---

[3] AROLA, Raimon, *Cuestiones simbólicas*, Barcelona, 2015, p. 312.

rá a seguirle? ¿Quién tendrá la dicha de ver, aún en este mundo, una muestra de su poder iluminador? Ante estas preguntas, nuevamente tres personajes nos sirven como guía, si bien en este caso no son tres magos, sino tres pescadores. En efecto, Pedro, Juan y Santiago fueron los testigos privilegiados de lo más profundo de la enseñanza y misión de esa luz. Ese núcleo duro del Logos encarnado nos da pie a esbozar parte del misterio de la luz de la trasfiguración de Cristo en el monte Tabor, episodio clave para entender el papel del simbolismo lumínico es la tradición occidental y que, desgraciadamente, se encuentra muy desatendido en las vías masónicas.

La luz de la transfiguración

El acto ritual de recibir la luz en la tradición occidental no es, en primera instancia, totalmente equivalente a la iluminación que puede adquirir, por ejemplo, un practicante de alguna de las sendas del buddhismo[4]. La luz bautismal o luz de la Transfiguración son experiencias distintas a la que acontece cuando un meditador alcanza el *bodhi*. En el caso que nos ocupa ahora concretamente, la luz a la que nos referimos no es *sólo* un despertar interior, una claridad absoluta sobre la realidad, una la liberación de la ignorancia y del sufrimiento. Es otra cosa.

Y para acercar esa *otra cosa* el episodio antes aludido del monte Tabor resulta especialmente interesante, pues nos permite estudiar con profundidad el simbolismo de la luz dentro de la tradición occidental en términos esotéricos.

Permítanos el lector dar un pequeño rodeo por las regiones de la iconografía del cristianismo oriental para abordar dicha cuestión pues, creemos, puede dotar de una mayor riqueza a la cuestión simbólica que exploramos en este artículo. Consideramos que la mística del cristianismo ortodoxo es una vía que permite poner palabras y conceptos a un asunto que es particularmente impermeable a la razón. Y es normal que así sea pues, en realidad, todo lo que tratamos aquí excede los límites del lenguaje ordinario. Pero esto es un artículo y palabras y alguna imagen es lo único que tenemos por ahora.

Dentro del culto de las iglesias ortodoxas el icono es un soporte para la presencia de la divinidad. Para el fiel, estas tablas pintadas resultan como una ventana abierta a la dimensión sagrada. Por tanto, el icono actúa como un símbolo en el sentido tradicional (y auténtico) de esta palabra: es un puente entre lo sensible y lo invisible-espiritual.

Cuando observamos debidamente un icono, cuando permanecemos en silencio ante él, descubrimos su dimensión trascendente. Incluso los retratos de un personaje santo que el icono pone delante de nosotros podemos perci-

---

[4] Esto es así en términos llanos. Desde una perspectiva esotérica las cosas tienden a la unicidad.

birlos como lo que son: retratos en el sentido más elevado, es decir, no como el aspecto exterior y pasajero de una persona, sino como una expresión de su naturaleza supra-terrenal. Podríamos decir que es un retrato según el espíritu, no según la apariencia. Un icono debe entenderse entonces como un retrato espiritualizado.

El icono, digámoslo claramente, representa a la figura bajo una luz que no es la de este mundo, no es la luz del sol que ilumina las formas y figuras que podemos ver por la calle. En los iconos las figuras participan de otra luz, la luz que preexistía antes de la Caída. La luz increada, la luz secreta que vela la oscuridad, la luz que guarda esa *medianoche*. Bajo esa luz o, mejor aún, en esa luz, la figura humana aparece entonces liberada de las leyes de la materia, del tiempo y del espacio. ¡Pero sigue siendo figura humana! Es la figura humana reducida a sus formas y propiedades esenciales y originales.

Nos preguntamos con curiosidad genuina si será esa forma que traducen los iconos el aspecto de los cuerpos espirituales tras la resurrección... Y ahí, en esos cuerpos espirituales, sí que tenemos vínculos con el buddhismo si atendemos a la figura del puro e indestructible cuerpo de diamante. También hay vínculos profundos y concomitancias con el sufismo iranio si estudiamos sus tradiciones que hablan del cuerpo de luz. Vemos pues como es el esoterismo el que permite un diálogo fecundo y no paternalista entre tradiciones. La masonería es, en este sentido, un precioso escenario para ese diálogo. Pero sigamos, que aún hemos de introducir nociones paulinas a nuestra exposición.

En su carta a los Colosenses, el Apóstol de los Gentiles les dice que «Cristo es la imagen del Dios invisible» (1, 15). Esta afirmación ofrece la base para toda la teología del icono, puesto que si Cristo es la imagen -en griego *eikòn*- de Dios, quiere decir que la humanidad visible de Cristo es la imagen, el icono, de su divinidad invisible. Su imagen es lo visible de lo invisible. De este modo, el icono de Cristo aparece como la imagen de la divinidad y de la humanidad al mismo tiempo. Es el icono del Cristo total, que es el Dios-Hombre. He aquí de nuevo la noción de *symbolon* aflorando: lo divino y lo humano en reencuentro.

Diremos, pues, que la plenitud y la totalidad que en Jesús de Nazaret ha sido ya realizada, es el horizonte luminoso al cual debe dirigirse el hombre que ya no anda en tinieblas. El cristianismo, entendido como vía iniciática, busca la divinización del hombre. Ya lo expresó perfectamente San Ireneo cuando escribió que «Dios se hizo hombre, para que el hombre se pudiera hacer Dios».

Recordemos que Cristo dijo de sí «Yo soy la Luz del Mundo» (Jn. 8,12). Esta afirmación, fundamental y seminal, va a ser interpretada y repensada durante todos los siglos de la Iglesia. Algunos de los primeros Padres escribieron que «Cristo abre las puertas de la luz a aquellos que, siendo hijos de las tinieblas y de la noche, aspiran a ser hijos del día y de la luz»[5]. San Gregorio de Nisa, en el siglo IV, nos enseñó que hombre, habiéndose acercado a la luz, su alma puede ser transformada en luz.

Sin embargo, es el pensamiento del teólogo de la Iglesia Bizantina Gregorio Palamas (1296-1359) la fuente de inspiración principal a la hora de abordar el simbolismo de la luz. Incluso para los más eminentes teólogos que en el siglo XX reflexionaron sobre la sagrada cuestión luminiscente a partir de su obra. Entre ellos destaca la figura del ruso Pavel Evdokimov, cuya lectura recomendamos encarecidamente para el lector que quiera conocer más al respecto[6].

Escribió Gregorio Palamas que:

> Aquel que participa en la energía divina (...) se vuelve él mismo, de alguna manera, luz; está unido a la luz, y con la luz ve lo que permanece oculto a quienes no tienen esta gracia; así sobrepasa los sentidos corporales y todo lo que puede ser conocido por la inteligencia[7].

Es decir, el hombre se deifica. San Gregorio Nacianceno ya escribió que «El hombre ha recibido la orden de hacerse Dios según la gracia».

Y esta deificación del hombre es posible gracias a la contemplación de la Luz. Recordemos las palabras del abad Suger de Saint Denis: «Dios es Luz». No por azar éste gran intelectual francés fue el primer impulsor de la arquitectura que nosotros llamamos gótica, pues entendió que para hacer presente lo sagrado, tan importante era el Silencio como la Luz.

En el Oriente cristiano, encontrarse en estado de deificación equivale a ser capaz de contemplar la luz increada y dejarse penetrar por ella. Esa es, precisamente, la luz que la mejor masonería busca transmitir.

Por eso, la Transfiguración de Cristo, la manifestación más fulgurante de su luz, juega en el fondo un papel tan importante en la vida espiritual de cualquier vía esotérica en occidente. FIG. 5. En este episodio del Evangelio, que solo presencian Santiago, Pedro y Juan –que son el núcleo duro y privilegiado de los apóstoles- se revela la luz divina de Jesús en la materialidad de su cuerpo. Es decir, la carne, la materia, es capaz de manifestar la luz divina invisible.

Ello pone de relieve otro aspecto fundamental del pensamiento de Gregorio Palamas: El nombre de hombre no es aplicable al alma o al cuerpo separadamente, sino a los dos juntos porque juntos han sido creados a Imagen de Dios. Es decir, la realidad entera de la persona no residiría realmente en el

---

[5] ORÍGENES, *Contra Celsum*, Libro II, cap. 67.
[6] EVDOKIMOV, Pavel, *El arte del icono: Teología de la belleza*, Madrid, 1991.
[7] Citado en CAAMAÑO, José Carlos, «La materia transfigurada, Perspectivas teológicas de Pavel Evdokimov», *Revista Teología*,Tomo XLVI, núm. 98, Abril 2009, p. 99.

alma, tal y como defendería una filosofía de corte muy estrictamente platónico, sino que estaría en la totalidad cuerpo-alma, sin separación posible. La carne no es ya una cárcel para el alma, sino que ésta es tan digna que es capaz de manifestar la divinidad.

Debemos recordar que el mundo, la naturaleza, la carne, la materia, eran santas en el Principio porque habían salido de las manos de Dios. Quedaron no obstante desfiguradas, embrutecidas, tras la expulsión del Paraíso. Sin embargo, Dios re-dignificó la materia cuando se hizo hombre. Los alcances de esta visión tocan a una teoría de la materia en donde lo sensible, lo extenso, no puede ser interpretado sólo materialmente, puesto que la materia expresa la luz, que vuelve sobre la materia tornándola reveladora y tornándose revelable. Eso es precisamente lo que significa el episodio de la Transfiguración y su poderosa y misteriosa luz.

Palamas escribió sobre esa luz del Tabor que es una «luz no sensible que los apóstoles han sido juzgados dignos de percibirla con sus ojos»[8]. Es decir, ellos han pasado de la oscuridad, de la opacidad de su mirada, a la luz. Ahora pueden ver la luz, esto es, pueden reconocer la divinidad de Cristo. Palamas nos explicó también que «Dios es llamado luz no por su esencia sino por su energía»[9]. Por lo tanto si la luz es la energía divina, ésta es Dios en su manifestación; es una forma de la presencia de Dios en el mundo. Esta presencia permite al hombre participar de las cosas divinas. Y es el cuerpo, gracias a los sentidos, el que es inun-

FIG. 5. La Transfiguración de Cristo.
Icono ortodoxo ruso, Teófanes el Griego, siglo XV.

[8] GREGORIO PALAMAS, PG 151, 424a.
[9] Citado en CAAMAÑO, op. cit., p.102

dado por esa luz. Los sentidos se vuelven luz, son transfigurados. Ven lo que no veían. Ven la luz del hombre-Dios.

De alguna manera podríamos decir que no se trata tanto de la Transfiguración de Cristo, como de la transfiguración de la mirada de los tres apóstoles. Esa transfiguración de la mirada es la que busca la iniciación masónica, que quiere dotar al neófito de la posibilidad de llegar a una mirada que se vuelva un ver espiritual, pero no despojado de su condición sensible, sino expresando la realidad más honda de la sensibilidad, la de volverse en posibilidad de manifestación y percepción de lo sagrado.

A modo de conclusión

Atravesada por esa luz que deberían arrojar los ojos del masón completamente realizado, la materia se vuelve evidente en toda su dimensión. Para el ser humano tradicional el mundo es un templo cósmico en el que el hombre ejerce su sacerdocio. Siendo esto así, un templo material, un templo construido por el hombre, debería ser también una *imago mundi*. Es el espacio material en el que el Cielo desciende sobre la Tierra. Eso deberían ser las logias.

Más allá de cualquier virtualidad, el masón debería moverse dentro de ellas como por el cielo-terrestre o la tierra-celeste; donde la luz interior y la exterior se encuentran para generar en el corazón del templo masónico el espacio sagrado que permita la manifestación del verdadero símbolo, esto es, de aquel que nace de la interactuación del ser humano con la creación. Sólo entonces el latido masónico y toda su luz repercutirán más allá de Jaquim y Boaz.

Nicola Lococo, (Castro Ur-
diales, 1968), es filósofo, teólogo, pedagogo, analista de
diversos organismos internacionales, colaborador habitual en medios de comu-
nicación y autor de una
amplia producción como ar-
ticulista y ensayista. En
MASONCIA se pueden en-
contrar su *Historia oculta de
la masonería* (7 volúmenes),
La ilustración Iniciada y *El
romanticismo Iniciado.*

*Todos los textos correspondientes a auto-
res clásicos reproducidos en este artículo
tienen como fuente la editorial Gredos.*

LA CAVERNA DE PLATÓN A LA LUZ DE OTRA LUZ

Nicola Lococo

Introducción

No es propósito de este artículo exponer ni comentar, al uso, la *Alegoría de la caverna* con la que Platón procuró hacer más accesible su teoría del conocimiento. A tal fin, ya existe abundante literatura especializada a la cual acudir, si por un casual, el contacto con estas líneas despertase el irrefrenable impulso de su lectura. Con todo, juzgo pertinente un breve apunte marco con intención de dar pie al objeto propio de esta intervención sobre dicho pasaje, cuál es, iluminar la alegoría con una luz distinta a la empleada con mis alumnos de filosofía durante el bachillerato.

La *Alegoría de la caverna*, grosso modo, arranca en un recinto subterráneo similar a una caverna donde unas gentes viven desde su nacimiento forzadas a mirar hacia el fondo, superficie esta, sobre la que aparecen sombras, única realidad por ellos conocida. Cuando una de estas personas es liberada, lo primero con que se topa es la tramoya dispuesta a su espalda: siluetas de cartón-piedra-madera, cuyas formas distorsionadas eran proyectadas sobre la pared con ayuda de un fuego ubicado en la parte superior de la cavidad. Sin embargo, hay otra luz proveniente del exterior. Para alcanzarla, es preciso continuar ascendiendo. Pero, una vez fuera de la caverna, el exceso de luz ciega sus ojos obligándole a ir a tientas. Cuando sus ojos se acostumbran a la luz, está en disposición de contemplar al gran fuego que es el sol, así como la entera realidad con sus colores y formas verdaderas. Entonces, siente la alegría de compartir este conocimiento de la verdad con sus antiguos compañeros y regresa a la caverna. Pero allí, es recibido con incredulidad e incluso mofa, por lo torpe de sus movimientos al no estar ya sus ojos acostumbrados a la oscuridad. Es más, comoquiera que insistiera en sacarles de su ignorancia, aquellos no dudarían en matarlo.

LA CAVERNA DE PLATÓN
A LA LUZ DE OTRA LUZ

A grandes rasgos, podemos interpretar las antinomias mundo subterráneo/mundo exterior como representantes del mundo sensible y mundo inteligible; sombras/luz como ignorancia y conocimiento; prisionero/persona libre como gente común y filósofo; fuego/sol como ciencia e Idea de Bien; etc. Así, si el objeto de estas líneas fuera prepararnos para la prueba de la EBAU lo suyo sería determinar la caverna como representación del mundo sensible, perceptible por los sentidos, ámbito de la apariencia; los prisioneros asimilarlos a la humanidad atrapada por las cadenas de los prejuicios, opiniones y creencias basadas en sombras; las sombras se corresponderían con las copias imperfectas de la realidad; el fuego que provoca las sombras representa, entonces, el conocimiento sensible propio de la ciencia; el trayecto ascendente vendría a ser el esfuerzo humano en la tarea del aprendizaje; el mundo exterior constituye el mundo inteligible donde están las ideas de verdad, belleza y bien; el sol es la idea de Bien de la que dependen todas las demás ideas; y la persona libre es el filósofo comprometido con la verdad, aun a riesgo de su propia vida, como le sucediera a Sócrates. Una exégesis más detallada, requeriría una exposición textual del original más extensa, cosa a evitarnos por no ser nuestro interés iluminar la caverna de Platón bajo la luz habitual.

Pitagorismo, orfismo y misterios. Un filósofo de tan anchas espaldas como Platón, probablemente, soportaría la más pesada carga bajo el más humillante yugo de cuantas influencias deseáramos endosarle, siendo la filosofía occidental meras notas al pie de página a sus diálogos.[1] La enseñanza académica, pone su énfasis en la innegable influencia de Sócrates y en discernir qué parte de sus planteamientos provienen de Parménides y cuáles de Heráclito, siendo como era su doctrina de carácter dual, para acto seguido, hacer lo propio con el resto de autores anteriores o coetáneos a él. Pero, ni el más estrecho sendero academicista ha podido soslayar el notable influjo que sobre su persona y planteamientos tuvieron el pitagorismo, el orfismo y los cultos mistéricos.

La ascendencia pitagórica de buena parte de la doctrina de Platón se atisba en la importancia otorgada a todo lo concerniente con la matemática, cuyos sagrados números, sustentan la geometría y la armonía, del mundo y del cosmos respectivamente, por cuanto su cualidad primordial, la abstracción, trasciende el mundo sensible, mientras lo rige, subsistiendo en el mundo inteligible. En *Timeo,* apreciamos un alarde de toda la doctrina pitagórica a este respecto, pues, en este diálogo habla del orden matemático del universo y de la matemática como vía de acceso al conocimiento de lo divino; de la armonía de las esferas, de la geometría, del demiurgo, del alma del mundo, etc.

---

[1] Las últimas palabras se corresponden a una cita atribuida a Alfred North Whitehead.

LA CAVERNA DE PLATÓN
A LA LUZ DE OTRA LUZ

Para el que se aplica al aprendizaje y a los pensamientos verdaderos y ejercita especialmente este aspecto en él, es de toda necesidad, creo yo, que piense lo inmortal y lo divino y, si realmente entra en contacto con la verdad, que lo logre, en tanto es posible a la naturaleza humana participar de la inmortalidad. Puesto que cuida siempre de su parte divina y tiene en buen orden al dios que habita en él, es necesario que sea sobremanera feliz. Ciertamente, para todos hay un único cuidado del conjunto: atribuir a cada parte los alimentos y movimientos que les son propios. Los pensamientos y revoluciones del universo son movimientos afines a lo divino en nosotros. Adecuándose a ellos para corregir por medio del aprendizaje de la armonía y de las revoluciones del universo los circuitos de la cabeza destruidos al nacer, cada uno debe asemejar lo que piensa a lo pensado de acuerdo con la naturaleza originaria y, una vez asemejado, alcanzar la meta vital que los dioses propusieron a los hombres como la mejor para el presente y el futuro.

Platón, *Timeo*, 90 c.

También, resulta evidente en su concepción de la dualidad alma-cuerpo; las ideas de inmortalidad, trasmigración y purificación del alma; la teoría de la reminiscencia del conocimiento...ideas axiológicas, cosmogónicas y teológicas que, como veremos, se entrelazan con las enseñanzas órficas.

Esta relevancia del pensamiento pitagórico en la obra platónica, sin embargo, no cuenta con explícitas alusiones ni a Pitágoras, ni a los pitagóricos, salvo en dos pasajes correspondientes al capítulo X de *República*.

–Da la impresión de que, así como los ojos han sido provistos para la astronomía, los oídos han sido provistos para el movimiento armónico, y que se trata de ciencias hermanas entre sí, como dicen los pitagóricos, y nosotros, Glaucón, estaremos de acuerdo.

Platón, *República*, X, 530 d.

–Pero si no se puede decir nada de él en lo público, ¿sí en lo privado? ¿Se cuenta que Homero mismo, mientras vivía, ha dirigido la educación de algunos que lo han amado por su trato y que han legado a sus sucesores alguna vía homérica de vida, tal como Pitágoras fue amado excepcionalmente por esto, al punto que sus sucesores aún hoy denominan «pitagórico» un modo de vida por el cual resultan distintos de los demás hombres?

Platón, República, X, 600 a.

Pese a esta omisión, habitual en Platón para con sus predecesores, la influencia pitagórica, no pasó desapercibida ni a sus contemporáneos ni a la posteridad, primero, porque su discípulo, Aristóteles, se ocupó de dejar testimonio de ello en su *Metafísica* 1.6.1. 987a y después, porque la tradición posterior no tuvo problemas en hacer converger ambos sistemas en la denominada corriente platónico-pitagórica.[2]

Tras las filosofías mencionadas surgió la doctrina de Platón, que en muchos aspectos sigue a éstos, pero que tiene también aspectos propios al margen de la filosofía de los Itálicos.

(…) Platón se limitó a un cambio de palabra: en efecto, si los Pitagóricos dicen de las cosas que son existen por imitación de los números, aquél dice, cambiando la palabra, que existen por participación. Y tienen, ciertamente, en común el haber dejado de lado la investigación acerca de qué pueda ser la participación o imitación de las Formas (…) Platón) afirma, además, que entre las cosas sensibles y las Formas existen las Realidades Matemáticas, distintas de las cosas sensibles por ser eternas e inmóviles, y de las Formas porque hay muchas semejantes, mientras que cada Forma es solamente una y ella misma. Y puesto que las Formas son causas de lo demás, pensó que los elementos de aquéllas son los elementos de todas las cosas que son, que lo Grande y lo Pequeño son principios en cuanto materia y que el Uno lo es en cuanto entidad. En efecto, a partir de aquéllos, por participación en el Uno, las Formas son los Números. Y en cuanto a que lo Uno es, por su parte, entidad, y no se dice que es uno siendo otra cosa, se pronunció de un modo muy cercano a los Pitagóricos, e igual que éstos también en cuanto a que los Números son causas de la entidad de las demás cosas.

Aristóteles, Metafísica, 1.6.1. 987a.

Ahora bien, detrás de la ineludible influencia pitagórica o a su través, se deja entrever el irresistible canto del orfismo cuyos ecos resuenan, empero, distorsionados por el propio autor, quien no ahorra menciones críticas a la figura de Orfeo y sus seguidores, mientras integra en su sistema buena parte de sus enseñanzas, especialmente, aquellas emparentadas con los asuntos éticos, cúlticos, iniciáticos, entiéndase, si se quiere, religiosos, aunque sin reconocerlo, mediándolos por el más explícito pitagorismo. Reflejos de esta ambivalencia no faltan a lo largo y ancho de su amplia producción, pero es en *Fedón* donde sus páginas rezuman orfismo.

–Pues sí que puede parecer –dijo Sócrates– que así es absurdo. Pero no lo es, sino que, probablemente, tiene explicación. El dicho que sobre esto se declara en los misterios, de que los humanos estamos en una especie de prisión y que no debe uno liberarse a sí mismo ni escapar de esta, me parece un aserto solemne y difícil de comprender.

Platón, Fedón, 62 b.

---

[2] En mi obra *El origen de la siete artes liberales. La milenaria reivindicación de la arquitectura,* doy buena muestra del importantísimo papel jugado por la corriente platónico-pitagórica en la transmisión de la sabiduría entroncada con la Gran Tradición.

LA CAVERNA DE PLATÓN
A LA LUZ DE OTRA LUZ

Examinémoslo desde este punto: si acaso existen en el Hades las almas de las personas que han muerto o si no. Pues hay un antiguo relato del que nos hemos acordado, que dice que llegan allí desde aquí, y que de nuevo regresan y que nacen de los difuntos. Pues, si eso es así, que de nuevo nacen la de los muertos los vivos, ¿qué otra cosa pasarla, sino que persistirían allí nuestras almas? Porque no podrían nacer de nuevo en ningún sitio de no existir, y eso es un testimonio suficiente de que ellas existen, si de verdad puede hacerse evidente Que de ninguna otra parte nacen los vivos sino de los muertos. Pero si no es posible, habría necesidad de otro argumento.

Platón, Fedón, 70c.

En efecto, hay quienes dicen que es la «tumba» (sema) del alma como si ésta es tuviera enterrada en la actualidad. Y, dado que, a su vez, el alma manifiesta lo que manifiesta a través de éste, también se la llama justamente «signo» (sema). Sin embargo, creo que fueron Orfeo y los suyos quienes pusieron este nombre, sobre todo en la idea de que el alma expía las culpas que expía y de que tiene al cuerpo como recinto en el que «resguardarse» bajo la forma de prisión. Así pues, éste es el soma (prisión) del alma, tal como se le nombra, mientras ésta expía sus culpas; y no hay que cambiar ni una letra.

Platón, Crátilo, 400c.

Así, mientras la vinculación de Platón con Pitágoras no muestra la más mínima inquietud en sus discípulos, pese a la *damnatio memoriae* practicada en sus textos, su relación con Orfeo, parece incomodar al propio Platón, contraste advertido por cualquier atenta lectura que sólo nos podemos explicar por el deseo de desmarcarse del orfismo popular propio de charlatanes, pues, las doctrinas órficas, a diferencia de las pitagóricas, estuvieron expuestas al dominio público en poemas, iniciaciones, ritos y ceremonias, mientras la dificultad matemática del pitagorismo preservó sus formas más allá del celo puesto, por su maestro y discípulos, en mantener velados sus contenidos.

En cualquier caso, tenemos muy claro que Platón, pese a mostrar condescendencia, en el mejor de los casos, con los ritos iniciáticos, fue un iniciado, como viene a confesar en el siguiente pasaje del *Fedón*, aunque lo ponga en boca del personaje Sócrates.

Y puede ser que quienes nos instituyeron los cultos mistéricos no sean individuos de poco mérito, sino que de verdad de manera cifrada se indique desde antaño que quien llega impuro y no iniciado al Hades yacerá en el fango, pero que el que llega allí purificado e iniciado habitará en compañía de los dioses. Ahora bien, como dicen los de las iniciaciones, «muchos son los portadores de tirso, pero pocos los bacantes». Y éstos son, en mi opinión, otros sino los que han filosofado rectamente. De todo eso no hay nada que yo, en lo posible, haya descuidado en mi vida, sino que por cualquier medio me esforcé en llegar a ser uno de ellos. Si me esforcé rectamente y he conseguido algo, al llegar allí lo sabremos claramente, si dios quiere, dentro de un poco según me parece.

Platón, Fedón, 69 c.

La existencia de una doctrina no escrita

Mientras Pitágoras salvaguardó con rigurosidad el conocimiento dentro de una comuna mística y los seguidores de Orfeo practicaban un proselitismo de sus enseñanzas por medio de iniciaciones populares, Platón, se preocupó de poner por escrito el grueso de sus enseñanzas del modo más amable y accesible posible empleando el estilo dialógico, mediante un lenguaje sencillo, sin escatimar recursos facilitadores de la exposición como son los ejemplos, las metáforas o los mitos. De ahí, buena parte de su éxito.

Mas, no contento con poner por escrito su pensamiento, también se preocupó de fundar una Academia donde canalizar aquellos conocimientos a cuantos estuvieran interesados en ellos. No obstante, siempre hubo la sospecha, hoy ya esclarecida,[3] de que Platón, como Pitágoras y tantos otros Maestros de la humanidad, se reservaba algo para un grupo discipular íntimo, un conocimiento que iluminaba toda su obra con otra luz, que, empero, no debía exponerse a la curiosa mirada de cualquiera, sospecha esta, alimentada por el mismo autor con escuetos, pero claros, pronunciamientos como el que sigue:

> Desde luego, no hay ni habrá nunca una obra mía que trate estos temas; no se pueden, en efecto, precisar cómo se hace con otras ciencias, sino que después de una larga convivencia con el problema y después de haber intimado con él, de repente, como la luz que salta de la chispa, surge la verdad en el alma y crece ya espontáneamente. Sin duda, tengo la seguridad de que, tanto por escrito como de viva voz, nadie podría exponer estas materias mejor que yo; pero sé también que, si estuviera mal expuesto, nadie se disgustaría tanto como yo. Si yo hubiera creído que podían expresarse satisfactoriamente con destino al vulgo por escrito u oralmente, ¿qué otra tarea más hermosa habría podido llevar a cabo en mi vida que manifestar por escrito lo que es un supremo servicio a la humanidad y sacar a la luz en beneficio de todos la naturaleza de las cosas? Ahora bien, yo no creo que la discusión filosófica sobre estos temas sea como se dice, un bien para los hombres, salvo para unos pocos que están capacitados para descubrir la verdad por sí mismos con unas pequeñas indicaciones.

> (…) Precisamente por ello cualquier persona seria se guardará muy mucho de confiar por escrito cuestiones serias, exponiéndolas a la malevolencia y a la ignorancia de la gente. De ello hay que sacar una simple conclusión: que

---

[3] Quienes tengan interés en este particular, les remito a la obra de, José Ramón Arana, *Platón, Doctrinas no escritas. Antología*, publicada por la UPV, en enero de 1998.

cuando se ve una composición escrita de alguien, ya se trate de un legislador sobre leyes, ya sea de cualquier otro tema, el autor no ha considerado estas cuestiones como muy serias, ni él mismo es efectivamente serio, sino que permanecen encerradas en la parte más preciosa de su ser. Mientras que si él hubiera confiado a caracteres escritos estas reflexiones como algo de gran importancia, entonces seguramente es que, no los dioses, sino los hombres, le han hecho: perder la razón.

Platón Carta VII, 341 c - 344 c.

La existencia de esta doctrina no escrita de Platón, obtuvo su certificado de existencia a manos, nuevamente, de su discípulo Aristóteles, quien en *Física* hace explícita alusión a estas enseñanzas orales, vedadas al propio Aristóteles, circunstancia frustrante que explicaría la marcha del estagirita de la Academia y el notable distanciamiento de su maestro.

De ahí que Platón diga en el Timeo que la materia y el espacio son lo mismo, pues lo participable y el espacio son una y misma cosa aunque hable de diferente manera sobre lo «participable» en las llamadas Enseñanzas no escritas.

Aristóteles, Física, Libro IV, capítulo 2, 209 b.

Luego, nos encontramos ante un Jano filósofo con una doctrina pública y otra privada, cuya titánica obra escrita a disposición de quien la quiera leer, quedaría en nada, a falta de una explicación oral reservada para un selecto número de sus seguidores, algo del todo coherente en alguien formado con Sócrates, un maestro que se jactaba de no saber nada y que ni se molestó en ponerlo por escrito, dualidad, por lo demás, muy familiar a quienes hayan leído con atención el proceder del maestro, Jesús de Nazaret, en los *Evangelios*.

10 Entonces, acercándose los discípulos, le dijeron: ¿Por qué les hablas por parábolas? 11 Él respondiendo, les dijo: Porque a vosotros os es dado saber los misterios del reino de los cielos; mas a ellos no les es dado. 12 Porque a cualquiera que tiene, se le dará, y tendrá más; pero al que no tiene, aun lo que tiene le será quitado. 13 Por eso les hablo por parábolas: porque viendo no ven, y oyendo no oyen, ni entienden. 14 De manera que se cumple en ellos la profecía de Isaías, que dijo:

De oído oiréis, y no entenderéis;

Y viendo veréis, y no percibiréis.

15 Porque el corazón de este pueblo se ha engrosado,

Y con los oídos oyen pesadamente,

Y han cerrado sus ojos;

Para que no vean con los ojos,

Y oigan con los oídos,

Y con el corazón entiendan,

Y se conviertan,

LA CAVERNA DE PLATÓN
A LA LUZ DE OTRA LUZ

Y yo los sane.
[16] Pero bienaventurados vuestros ojos, porque ven; y vuestros oídos, porque oyen. [17] Porque de cierto os digo, que muchos profetas y justos desearon ver lo que veis, y no lo vieron; y oír lo que oís, y no lo oyeron.
Mateo, 13, 10-17. Biblia Reina Valera.

En consecuencia, nos es lícito interpretar a la luz de otra luz la celebérrima *Alegoría de la caverna*. ¡Hágase la luz!

La sabiduría de la caverna

La elección de la voz «caverna» en el diálogo de Platón no es casual. De hecho, asoma ambigua porque la escena no acontece en una caverna, sino en un espacio semejante a una caverna; bien podría haber entonces hablado de una caverna directamente, pero no lo hace, prefiere incidir en el aspecto de prisión. Pero tampoco dice que sea una prisión. ¿Entonces? Se trata de una prisión semejante a una caverna o de una caverna convertida en prisión? Las dos cosas y ninguna de ellas como veremos más adelante por ser de una parte metáfora y de otra analogía.

Con todo, la similitud con la caverna tiene mayor fuerza que la descripción como prisión, motivo poderoso para que Platón se decantara por ella para transmitir ancestrales impresiones vehiculadas por la mitología, donde las cavernas, cuevas y oquedades subterráneas todavía eran morada de dioses entre otros muchos ejemplos, la cueva del monte Ida en Creta donde Rea escondió a Zeus de su padre Crono al nacer para evitar que lo engullera, o la cueva del monte Pelión en Tesalia donde residía el centauro Quirión referente del conocimiento antiguo desde la *Ilíada*, una reminiscencia de las prácticas chamánicas celebradas en los lugares más recónditos de las cuevas, sitios de difícil acceso e incómoda estancia, en un espacio angosto, húmedo, frio, oscuro, donde los sentidos se alteran y con ellos, la propia conciencia del sujeto que tiene una experiencia verdaderamente iniciática y transformadora al salir de allí como del útero materno a una vida nueva donde se puede respirar y ver de nuevo la luz del sol.

La caverna y el bautismo de luz

Porque, el verdadero bautismo de agua consistente en sumergir a la persona hasta hacerle experimentar el trance del ahogamiento, persigue precisamente que al emerger sienta el poder respirar como un renacimiento, como un volver a la vida. Esto mismo, se provocaba por medio del bautismo de luz en tiempos paleolíticos mediante pruebas iniciáticas consistentes en introducir al neófito en las profundidades de una cavidad subterránea donde se le dejaba por un largo periodo que podía llegar a varios días desnudo, sin ropa, ni luz, ni alimento, circunstancia extrema donde su conciencia se vería asaltada por insospechados pensamientos y percepciones extrañas, por cuanto entre aquel oscuro, frio, silencio ensordecedor, posiblemente, el recorrido de una insignificante gota de agua por las amenazadoras estalactitas, sería algo verdaderamente inquietante. Huelga comentar, que cuando transcurridos varios días se le permitía regresar a la superficie, la experiencia de volver a ver la luz, respirar aire puro, en otras palabras, a la vida, sería más que genuina.

La caverna y el Tártaro

Pero la caverna de las cavernas, que no era una caverna sino la prisión de las prisiones, que no era una prisión, sin duda era en la mitología griega, el Tártaro, lugar al que fueron arrojados los Titanes tras la batalla en la que se impusieron los dioses olímpicos capitaneados por Zeus, una región descrita como el abismo más profundo del inframundo, reino de la más negra oscuridad donde de ser preguntados ¿Qué queréis? Todos los presentes responderíamos al unísono ¡La luz!

Entonces ya les habló el padre de hombres y dioses: «¡Escuchadme, ilustres hijos de Gea y Urano, para que os diga lo que me dicta el corazón en mi pecho! Por largo tiempo ya enfrentados unos con otros, luchamos todos los días por la victoria y el poder los dioses Titanes y los que nacimos de Cronos. Pero mostrad vuestra terrible fuerza e invencibles brazos contra los Titanes en funesta lucha, recordando nuestra dulce amistad y cómo después de tantos tormentos bajo dolorosa cadena, de nuevo vinisteis a la luz saliendo de la oscura tiniebla por decisión nuestra».

Así dijo y al punto a su vez le respondió el intachable Coto: «¡Divino! No nos descubres cosas ignoradas, sino que también nosotros sabemos cuán excelentes son tus pensamientos y tu inteligencia. Paladín fuiste para los Inmortales de una cruel contienda y por tu sabiduría regresamos de nuevo saliendo de aquella oscura tiniebla, ¡soberano hijo de Cronos!, después de sufrir desesperantes tormentos entre inexorables cadenas. » (...) Entonces aquéllos, Coto, Briareo y Giges insaciable de lucha, en la vanguardia provocaron un violento combate. Trescientas rocas lanzaban sin respiro con sus poderosas manos y cubrieron por completo con estos proyectiles a los Titanes. Los enviaron bajo la anchurosa tierra y los ataron entre inexorables cadenas después de vencerlos con sus brazos, aunque eran audaces, tan hondos bajo la tierra como lejos está el cielo de la tierra; [esa distancia hay desde la tierra hasta el tenebroso Tártaro]. Pues un yunque de bronce que bajara desde el cielo durante nueve noches con sus días, al décimo llegaría a la tierra; e igualmente un yunque de bronce que bajara desde la tierra durante nueve noches con sus días, al décimo llegaría al Tártaro. (…) Allí los dioses Titanes bajo una oscura tiniebla están ocultos por voluntad de Zeus amontonador de nubes en una húmeda región al extremo de la monstruosa tierra; no tienen salida posible: Posidón les puso encima broncíneas puertas y una muralla les rodea de ambos lados.

Hesíodo, Teogonía, 645-740.

La relación de la caverna con el Tártaro puede parecer forzada, pero cuando atendemos las idas y venidas, subidas y bajadas a este reino de la oscuridad, la relación empieza a verse fortalecida: inicialmente, Urano, encerró en el Tártaro a sus propios hijos, los Cíclopes, debido a su violenta naturaleza y desobediencia. Tras esto, Urano, tuvo nuevos hijos con Gea, la Madre Tierra: los Titanes. Comoquiera que la Madre Tierra sufriera por la situación de sus anteriores hijos, en el tenebroso Tártaro, pidió a los Titanes hacer algo para liberarlos. Fue entonces, cuando su hijo Crono, derrocó a su padre Urano y los Titanes liberaron a los Cíclopes. Pero sucedió, que el propio Crono, sintiéndose amenazado por la fuerza de los Cíclopes, los devolvió nuevamente al Tártaro, donde permanecerían hasta el episodio de la Titanomaquia, guerra que enfrentó a los dioses olímpicos contra los Titanes, momento en que los Cíclopes fueron liberados, esta segunda vez por Zeus, para que le ayudasen a vencer a los Titanes. Tras su victoria, Zeus, encerró en el Tártaro a los Titanes, excepto a aquellos que se pusieron de su parte.

Casualmente, fue uno de estos Titanes, Prometeo, quien llevaría la luz a los hombres contraviniendo los deseos del todopoderoso Zeus, tras haberlo engañado previamente con una elección viciada entre dos ofrendas: una de huesos recubiertos de grasa y otra aparentemente menos apetecible por falta de carne astutamente escondida, engaño sobre engaño, cuya venganza se cobraría Zeus por medio del regalo traicionero de Pandora.[4]

«¡Hijo de Jápeto, conocedor de los designios sobre todas las cosas, amigo mío, ciertamente no estabas olvidándote ya de tu falaz astucia!» Así dijo lleno de cólera Zeus, conocedor de inmortales designios. Y desde entonces siempre tuvo luego presente este engaño y no dio la infatigable llama del fuego a los fresnos. [los hombres mortales que habitan sobre la tierra], Pero le burló el sagaz hijo de Jápeto escondiendo el brillo que se ve de lejos del infatigable fuego en una hueca cañaheja. Entonces hirió de nuevo el alma de Zeus altitonante y le irritó su corazón cuando vio entre los hombres el brillo que se ve de lejos del fuego. Y al punto, a cambio del fuego, preparó un mal para los hombres.

Hesiodo, Teogonía, 560.

---

[4] Comparto el parecer de Robert Graves en traducir el nombre Pandora como (regalo de todo o Todo regalo) un epíteto con el que se dirigirían a la Gran Madre Tierra en sus distintas versiones.

LA CAVERNA DE PLATÓN
A LA LUZ DE OTRA LUZ

La complementaria alegoría del carro

La *Alegoría del carro,* aparece en *Fedro* 246 a, episodio en que Paltón describe las almas humanas como carros alados tirados por dos caballos, uno bueno y otro malo. Cuando el auriga no controla bien al caballo díscolo, en su forcejeo, pierde las alas precipitándose al mundo donde se encarna en un cuerpo, permaneciendo allí atrapada hasta la muerte.

Esta Alegoría del carro, sin duda, a quienes estaban familiarizados con la mitología griega les traía a la mente dos historias al instante, a saber: el *Mito de Faetón* y *El vuelo de Ícaro.*

La historia de Φαέθων-*Phaetón* (Brillante), cuenta como este pidió a su padre, el dios sol Helios, conducir por un día su carro de fuego. Helios, como padre responsable intentó disuadir a su caprichoso hijo, pero ante su insistencia, accedió. Así, Faetón, convertido en auriga inmaduro del carro de fuego, al poco de iniciar su viaje por el cielo entró en pánico perdiendo el control de los caballos desbocados: primero, le llevaron muy alto y la tierra se congeló; luego, se aproximó demasiado y prendió fuego a la superficie. La gravedad de sus desmanes forzó la intervención enérgica de Zeus quien con su rayo frenó al carro provocando la caída de Faetón al rio Eridano, donde se ahogó.[5]

El vuelo de Ícaro, cuenta cómo Dédalo, prisionero con su hijo en la isla de Creta, confecciona unas alas hechas de plumas y cera con idea de escapar volando del laberinto, por el mismo construido, donde se hallaba encerrado por orden del rey Minos temeroso de que revelara su secreto recorrido. Antes de emprender tan ingeniosa huida, Dédalo, advierte a su hijo de que no vuele ni muy cerca del mar, para eludir que las olas empapen las plumas de sus alas, ni demasiado cerca del sol, para evitar que su calor derrita la cera que las une. Pero Ícaro, lleno de euforia por la experiencia liberadora sinigual de volar, ascendió y ascendió, haciendo caso omiso del consejo paterno, hasta cuando fue demasiado tarde y el calor del sol derritió la cera de las alas provocando su caída al mar, donde se ahogó.

La lectura de ambas alegorías (caverna y carro), rápidamente aprecia su complementariedad al percibir un cruce de caminos entre el trayecto ascendente descrito en la caverna y el descendente presentado con el carro, complementariedad, constitutiva de una compleja analogía que los filósofos de carrera no dejamos de rumiar entresacando de su hermenéutica combinación infinidad de simbólicas correspondencias, verbigracia, la establecida para la

---

[5] Este rio mítico podía identificarse con una de las corrientes que atravesaban el Hades, con el Nilo o con un afluente lejano de la región occidental que finalmente se concretaría en el Po. Para complicar las cosas, resulta que durante el periodo clásico hubo en Atenas un riachuelo con el mismo nombre.

caverna con el cuerpo siendo, como son, ambas prisión de la persona y el alma humana.

La caverna - útero

Pero, si hay algo parecido a una caverna en el cuerpo humano, es el útero materno por el que todos llegamos al mundo dándonos a luz, asociación simbólica ya presente en las mentes primitivas que eligieron muy bien los centros de iniciación chamánicos a fin de recrear sus condiciones, esfuerzo mantenido durante milenios por los Maestros arquitectos en los templos de todos los tiempos y culturas como podemos apreciar desde los primeros túmulos hasta las mismas catedrales góticas donde la luz es el más preciado de sus elementos arquitectónicos. Pues bien, convencido estoy, de que esta asociación primitiva estuvo muy presente en Platón al seleccionar el término «caverna»; recordemos que su amado maestro, Sócrates, era hijo de una comadrona y su técnica para averiguar la verdad era la mayéutica, es decir, ayudar a la persona a parir el conocimiento que tenía dentro.

Polisemia de la luz

La polisemia sencilla de la palabra luz habla en primera acepción del fenómeno físico de la luz diurna del sol o la luz del fuego como el robado por Prometeo o la de una antorcha como la blandida por Demeter durante la búsqueda de su hija Perséfone; en una segunda acepción más poética, vinculada al conocimiento, aparece la luz como capacidad de dar a conocer, esclarecer, sacar de la ignorancia...de ahí, que a la Ilustración se le diga «siglo de las luces»; Pero, también hay una tercera acepción más elaborada, todavía, de carácter teológico ligada y religada al origen del mundo y de la vida estrechamente vinculado con el acto del alumbramiento. A mi modo de ver, es a la luz de estas tres luces, que debemos interpretar la *Alegoría de la caverna* de Platón.

El término luz en el texto

En el escrito original correspondiente al capítulo VII de *República* donde aparece la *Alegoría de la caverna*, la voz empleada por Platón para luz es φῶς, tanto, cuando alude a la luz diurna, como cuando se refiere a la luz del fuego, como sucede en castellano.

Después de eso -proseguí- compara nuestra naturaleza respecto de su educación y de su falta de educación con una experiencia como ésta. Represéntate hombres en una morada subterránea en forma de caverna, que tiene la en-

trada abierta, en toda su extensión, a la luz. En ella están desde niños con las piernas y el cuello encadenados, de modo que deben permanecer allí y mirar sólo delante de ellos, porque las cadenas les impiden girar en derredor la cabeza. Más arriba y más lejos se halla la luz de un fuego que brilla detrás de ellos.
Platón, República, VII, 514 a.

Pues bien, φῶς-*phos* (luz), es una contracción de una voz más arcaica φάος-*phaos* (luz), la cual, proviene de la raíz indoeuropea *bha- (brillar) relacionada igualmente con el verbo φανεῖν-*phanein* (brillar; aparecer), de ahí también su entronque con Φήμη-*phemi* del verbo griego φαίνω (dar a conocer) y con el verbo *phyein* (engendrar, hacer crecer, dar a luz), de donde procede *physis* (naturaleza). Por otra parte, hay otra raíz proto-indoeuropea *dyeu- (brillar, luz, cielo) de donde proceden nuestras voces «dios» o «día» pero también el nombre Ζεύς (Zeús).[6]

Ya, sólo con esta concatenación de significados subyacentes a las tres luces antedichas, tendríamos bastante para explayarnos sobre el particular. Pero ¡hemos aquí! que junto a la voz φῶς-*phos* (luz), encontramos, sobre todo en las tragedias, la voz φώς-*phos* (mortal-hombre), cuyos significantes únicamente se distinguen en su distinto signo de acentuación.[7]

Posiblemente, la coincidencia no sea tal: de una parte, el cuerpo humano posee un calor propio sinónimo de vida dando origen así a la idea de un fuego interno semejante al poseído por la Madre Tierra visible durante las erupciones volcánicas, y por extensión, a una luz interior nacida, acaso de una chispa divina; de otra, durante milenios, aún hoy, el avistamiento de un fuego artificial, pequeño, diminuto, fuera sinónimo indicio de humanidad, siendo varias las lenguas que han conservado esta polisemia como el noruego donde *fyr* (fuego) en algunos contextos también puede denotar (hombre), relación del fuego con la humanidad expresada mitológicamente con la figura de Prometeo, quien llevara la luz a los hombres, convirtiéndose así, en Φωσφόρος-*phosphorós* (portador de luz), título remitido desde antiguo al lucero matutino, correspondiente al planeta Venus.

Comoquiera que la traducción del griego al latín deparase el Φωσφόρος-*phosphorós* (portador de luz) en Lucifer del sustantivo *lux* (luz) + el verbo *fero* (llevar), y los romanos remitieran la figura de su Venus a Afrodita la diosa del amor, contamos con todos los ingredientes para interpretar correctamente, a la luz de otra luz, el doble triángulo hacia arriba y hacia abajo del

---

[6] Quienes deseen profundizar en el conocimiento etimológico de las raíces indoeuropeas, cuentan con una buena fuente en el *Diccionario etimológico indoeuropeo de la lengua española*, de Eduard A. Roberts.

[7] Y ahora, a la luz de esta otra luz, les invito como hago con mis selectos alumnos, a descifrar el silogismo de los silogismos: Todos los hombres son mortales./ Sócrates es hombre./ Luego Sócrates es mortal.

viaje de ascenso y descenso descritos por ambas alegorías del carro y la caverna. Porque, tanto a Lucifer como a Afrodita, les acontece un descenso que por fuerza es el mismo aunque interpretado de distintas maneras.

Tenemos en primer lugar el caso de la tradición cristiana donde al Lucifer romano, portador de luz, se le vincula con el Ángel caído en la traducción bíblica de la *Vulgata* de *Isaías* 14, donde en lugar de Lucero de la mañana se colocó Lucifer, propiciándose la posterior asociación de Lucifer con Satanás.[8]

> 12¡Cómo caíste del cielo, oh Lucero, hijo de la mañana! Cortado fuiste por tierra, tú que debilitabas a las naciones. 13 Tú que decías en tu corazón: Subiré al cielo; en lo alto, junto a las estrellas de Dios, levantaré mi trono, y en el monte del testimonio me sentaré, a los lados del norte; 14 sobre las alturas de las nubes subiré, y seré semejante al Altísimo. 15 Mas tú derribado eres hasta el Seol, a los lados del abismo.
>
> Isaías 14, Biblia, Reina-Valera.

Y también contamos con la menos conocida, para nosotros, caída de Afrodita, aunque en su caso no hace alusión a sus otras caídas y recaídas contadas por la divertidísima mitología griega, cuanto por la caída que la trajo a la existencia, cual es, la registrada por Hesíodo quien narra su nacimiento de la espuma del mar después de que Crono arrojara los genitales de su padre, Urano, al mar.

> El hijo, saliendo de su escondite, logró alcanzarle con la mano izquierda, empuñó con la derecha la prodigiosa hoz, enorme y de afilados dientes, y apresuradamente segó los genitales de su padre y luego los arrojó a la ventura por detrás.
>
> No en vano escaparon aquéllos de su mano. Pues cuantas gotas de sangre salpicaron, todas las recogió Gea. Y al completarse un año, dio a luz a las poderosas Erinias, a los altos Gigantes de resplandecientes armas, que sostienen en su mano largas lanzas, y a las Ninfas que llaman Melias sobre la tierra ilimitada. En cuanto a los genitales, desde el preciso instante en que los cercenó con el acero y los arrojó lejos del continente en el tempestuoso ponto, fueron luego llevados por el piélago durante mucho tiempo. A su alrededor surgía del miembro inmortal una blanca espuma y en medio de ella nació una doncella.
>
> Primero navegó hacia la divina Citera y desde allí se dirigió después a Chipre rodeada de corrientes. Salió del mar la augusta y bella diosa, y bajo

---

[8] Curiosamente, tradiciones ajenas a la *Biblia* hicieron acompañar a Lucifer de un segundo ángel caído de nombre Mefistófeles. Y digo curiosamente, porque el nombre Mefistófeles puede proceder del prefijo con valor negativo μή-*me* + φῶς-*phôs* (luz) + φιλής-*philís* (amante) cuyo paradójico resultado es (el que no ama la luz), una dualidad simbólica más, salida al paso, pero muy traída a cuenta: es como si el recorrido particular de la Gran Tradición detectara la ausencia de parte del significante y lo supliera con otra forma.

> sus delicados pies crecía la hierba en tomo. Afrodita [...] la llaman los dioses y
> hombres, porque nació en medio de la es puma.
> Hesíodo, Teogonía, 194.

Aquí, conviene destacar el hecho nada fortuito de la concepción dual que Platón tenia de la figura de Afrodita, expuesta en *Banquete*, cuya enseñanza sus seguidores se cuidaron de preservar durante siglos en la Academia.

> Todos sabemos, en efecto, que no hay Afrodita sin Eros. Por consiguiente, si Afrodita fuera una, uno sería también Eros. Mas como existen dos, existen también necesariamente dos Eros. ¿Y cómo negar que son dos las diosas? Una más antigua y sin madre, es hija de Urano, a la que por esto llamamos también Urania; la otra, más joven, es hija de Zeus y Dione y la llamamos Pandemo.
> Platón, Banquete, 180 e.

Y mira por dónde, asoma el orfismo, pues, si hay dos Afroditas debe haber dos Eros. El dios alado, Eros, más conocido para nosotros es el hijo de Afrodita, pero para el orfismo había otro Eros, nacido del Huevo Cósmico. Pues bien, mientras el Eros hijo de Afrodita era similar a Cupido, un ser travieso divertido vinculado al erotismo y la atracción sexual, el Eros órfico estaba asociado al origen del mundo, al misterio del impulso creador del cosmos, relacionado con la luz y la realidad multiforme.[9]

Esta concepción órfica de Eros tiene sustento en la *Teogonía* de Hesíodo donde por primera vez es mencionado, prueba de su popular culto mistérico como sucedía en Eleusis donde se le aludía como Protógono (primogénito).

> En primer lugar existió el Caos. Después Gea la de amplio pecho, sede siempre segura de todos los Inmortales que habitan la nevada cumbre del Olimpo. [En el fondo de la tierra de anchos caminos existió el tenebroso Tártaro.] Por último, Eros, el más hermoso entre los dioses inmortales, que afloja los miembros y cautiva de todos los dioses y todos los hombres el corazón y la sensata voluntad en sus pechos.
> Hesíodo, Teogonía, 120.

Este otro Eros también era conocido en el orfismo como Φάνης-Fanes (Brillante, luminoso), la divinidad primigenia identificada posteriormente en el gnosticismo como Iao, personaje descrito en el orfismo como andrógino. Y

---

[9] Esta cualidad multiforme, estaba debidamente expresada por el correspondiente carrusel de nombres con el que podía ser nombrado: Antauges (luz reflejada); Bromio; Eón; Ericepeo (comedor de brezo) se empleaba para aludir su capacidad de dar vida; Metis para aludir a la capacidad mental de conocer, también se le daba el epíteto de llave del conocimiento; por si fuera poco, también se aludía a su figura como Dioniso; Priapo en referencia a su capacidad de fertilizar; etc.

casualidad, la primera mención de este término *andrógynos,* conjunción de
de *andrós* (hombre) y *gyné* (mujer), aparece en el diálogo *Banquete.*

–Efectivamente, Erixímaco –dijo Aristófanes–, tengo la intención de hablar
de manera muy distinta a como tú y Pausanias habéis hablado. Pues, a mi
parecer, los hombres no se han percatado en absoluto del poder de Eros,
puesto que si se hubiesen percatado le habrían levantado los mayores templos y altares y le harían los más grandes sacrificios, no como ahora, que no
existe nada de esto relacionado con él, siendo así que debería existir por encima de todo. Pues es el más filántropo de los dioses, al ser auxiliar de los
hombres y médico de enfermedades tales que, una vez curadas, habría la
mayor felicidad para el género humano. Intentaré, pues, explicaros su poder
y vosotros seréis los maestros de los demás. Pero, primero, es preciso que co-
nozcáis la naturaleza humana y las medicaciones que ha sufrido, ya que
nuestra antigua naturaleza no era la misma de ahora, sino diferente. En primer lugar, tres eran los sexos de las personas, no dos, como ahora, masculino
y femenino, sino que había, además, un tercero que participaba de estos dos,
cuyo nombre sobrevive todavía, aunque él mismo ha desaparecido. El andrógino, en efecto, era entonces una cosa sola en cuanto a forma y nombre,
que participaba de uno y de otro, de lo masculino y de lo femenino, pero que
ahora no es sino un nombre que yace en la ignominia.
Platón, Banquete, 189 e.

Pues bien, este bello mito tiene su miga porque después de todo lo dicho, no
parece casual elegir al personaje de nombre Aristófanes para pronunciarlo,
porque Aristófanes procede de αριστος-*aristos* (el mejor) y φανής-*phanés* del
verbo φαίνω-*phaino* (dar a conocer, mostrarse). Y creo innecesario decir más.

Porque, en ambas alegorías, aunque el trayecto principal conducente a su
cenit escénico sea ascendente en el caso de la caverna o descendente en el caso del carro, sucede que, en verdad, en ambas alegorías hay un recorrido de
ida y vuelta, de manera que su trayectoria, en el caso de la caverna, puede
describirse como abajo-arriba-abajo, mientras en el caso del carro sería el inverso, arriba-abajo-arriba. Si ahora trazamos una línea imaginaria que enla-
zara los tres puntos de arranque y término de cada viaje y luego los super-
pusiéramos, el resultado no sería otro que el siguiente:

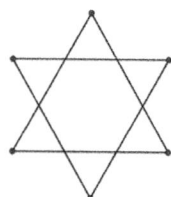

LA CAVERNA DE PLATÓN
A LA LUZ DE OTRA LUZ

En el método *Kundalini* (en sánscrito serpiente enroscada) ya mencionado en los textos sagrados *Upanisads* cuyos documentos más antiguos están datados entre los siglos –IX y -V, hay un chakra representado por un doble triángulo (uno hacia arriba y otro hacia abajo) cuya superposición conforma la estrella de seis puntas representante de la unión de lo masculino y femenino, fuego y agua, cielo y tierra, conjunción de toda realidad.

Por las mismas fechas en que se pusieron por escrito la ancestral sabiduría de los *Upanisads*, aparecen en tierras del antiguo Israel y regiones cercanas, adornos provenientes de ceremonias nupciales con este mismo símbolo, cuyo anclaje cultural está localizado en el verso del *Cantar de los cantares* 6.3: *Yo soy de mi amado, y mi amado es mío.*

Hemos aquí, que en la cultura minoica de la antigua Creta, periodo comprendido entre mediados del –IV milenio y finales del –II milenio, es decir, varios siglos antes da la aparición de los *Upanisads* y *El Cantar*, encontramos con la misma idea, aunque algo distinta: de una parte, los triángulos no están superpuestos sino yuxtapuestos; en segundo lugar el eje en vez de ser vertical arriba-abajo es horizontal oriente occidente o viceversa. Su símbolo es en vez de la estrella de seis puntas o estrella de David, el λάβρυς-*labrys*, un hacha de doble filo representante del poder de la Diosa Madre para dar vida o muerte, según se conecte con las formas del cuarto creciente o menguante de la luna. Casualidad, el término laberinto proviene de *Labrys* y sucede que su trazo lo hallamos en numerosos recintos cavernarios donde tenían lugar las ceremonias chamánicas de iniciación a modo de dificultad para encontrar el camino de regreso de la muerte.

Así, como si se tratara de la *Escalera infinita de Penrose* por la cual podemos subir mientras bajamos o bajar mientras subimos, en el tiempo y en las deidades en sus correspondencias de la Gran Diosa Madre Gea-Rea-Hera-Demeter o las diosas del amor Venus-Afrodita-Astarte-Isis…hasta alcanzar su cenit o nadir con la Gran Inannana, la primera deidad en bajar y subir al inframundo, el autor de la dualidad por antonomasia, Platón, nos introduce en un laberinto de espejos, cuya obra escrita necesita ser interpretada a la luz de la doctrina no escrita; empapada de un pitagorismo órfico o un orfismo pitagórico, cuyas alegorías precisan de otras alegorías para ser comprendidas; donde sus trayectos de doble sentido ascendente y descendente parecen enroscarse y entrelazarse serpentinamente en un eje visible únicamente para los iniciados en la Gran Tradición cuyos símbolos duales remiten a otros símbolos duales como la caverna lo hace al cuerpo y este al útero materno del que todos procedemos y al que todos regresaremos sin cesar.

Para concluir esta ponencia, les dejo con un ínfimo reflejo del nivel de encriptación con que se redactaron los textos de Platón aquí trabajados.

No se puede decir más, queda dicho. ⚒

Nicola Lococo, el autor de *La historia oculta de la masonería* (7 volúmenes) con *El origen de las siete artes liberales. La reivindicación milenaria de la arquitectura,* invita a la conciencia iniciada, a reencontrarse con viejos conocidos como Imhotep, Hiram, Pitágoras, Vitruvio, Plutarco, Apuleyo, Alcuino, así como a retozar, nuevamente, en los mismos asuntos mistéricos con que se trenza la Gran Tradición, mas, en esta ocasión, para adentrarse en territorios poco explorados como la conexión existente entre el Poema Regius y el Poema de Teodulfo de Orleans; el contraste entre este poema carolingio con el *Hortus deliciarum* de Herrada; la relación de ambos textos con la tradición monástica benedictina, heredera de la sabiduría transmitida por Beda el Venerable, Isidoro de Sevilla, Casiodoro, o perfiles de la Antigüedad tardía como Boecio, Capella o Agustín, quienes asistieron, todavía, al resplandor de los clásicos Quintiliano, Cicerón, o Varrón, herederos todos de enseñanzas platónico-pitagóricas entrelazadas en el esquema didáctico triunfante de Isócrates, si bien, para entender los textos mencionados, es *conditio sine qua non,* acudir, igualmente, a fuentes orientales como Flavio Josefo, Filón de Alejandría, libros bíblicos como Proverbios 9, y por supuesto, a los resolutivos mitos sumerios, especialmente, a los vinculados con la Gran Diosa Inanna, a quien dedica sus páginas.

Nicola Lococo

EL ORIGEN
DE LAS
SIETE ARTES LIBERALES

La milenaria reivindicación
de la arquitectura

MASÓNICA

Juan Almirall Arnal

Licenciado en Derecho y Filosofía, es Doctor en Filosofía por la Universidad de Barcelona, especializado en Neoplatonismo y Hermetismo. Es profesor de Filosofía Oriental, Hinduismo y Budismo, en diferentes centros de yoga y educativos, formador de profesores de Yoga, también imparte clases de Yoga y Meditación. Es miembro simpatizante del Lectorium Rosicrucianum, donde había sido alumno y conferenciante de la Fundación Rosacruz y bibliotecario de la Biblioteca Rosacruz en Barcelona. Fue miembro de la Sociedad Teosófica y de la Respetable Logia Arca de Europa, de la Orden de la Estricta Observancia Templaria. En la actualidad es miembro y fundador de la Respetable Logia Porta de Denderah número 84 de la Gran Logia Simbólica Española, donde trabaja el Rito Antiguo y Primitivo de Menfis Misraim. Es autor del libro «Contradicciones de un yogui occidental» de Editorial Kôan.

LA ESTRELLA
Y EL TRIÁNGULO

Juan Almirall Arnal

En 1517 comienza la Reforma Protestante tras la publicación de las noventa y cinco tesis de reforma, que Martín Lutero colgó en la puerta de la iglesia del Palacio de Wittenberg, Sajonia-Anhalt. La necesidad de una reforma profunda de la Iglesia cristiana no es únicamente una cuestión teológica y de orden práctico, es también una cuestión escatológica, pues el final del mundo está cerca. La Bestia, el Anticristo, ocupa la Cátedra de San Pedro en Roma, el Papa es una bestia que engaña a los fieles con falsas doctrinas. La obra de mayor difusión de Lutero fue su traducción al alemán del Nuevo Testamento, en septiembre de 1522. En su primera edición el Apocalipsis estaba profusamente ilustrado por Lucas Cranach, de entre estas ilustraciones destacaba la imagen del dragón, la bestia, que llevaba la tiara pontificia. Finalmente, esta versión fue rectificada por las presiones del Duque de Sajonia, pero la imagen permaneció en el imaginario colectivo y la vemos en obras más modernas, como en la ilustración de la portada del libro *Cabala* de Steffan Michelspracher, en el año 1616. Además de la amenaza papal estaba el Imperio Otomano, que en aquella época extendía su mano hacia el Imperio Romano-germánico, una amenaza real que evidenciaba la destrucción final del Reino de Cristo en la Tierra.

«Mundus est fabula.»

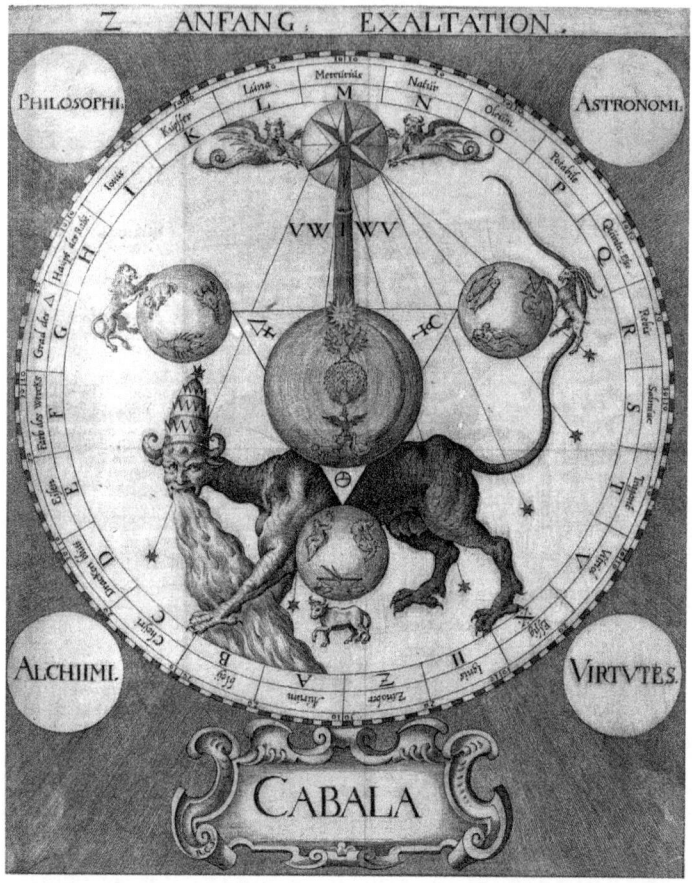

«Las Escrituras nos profetizan a dos tiranos crueles que, antes del día final, han de asolar y destruir la Cristiandad. Uno mediante artimañas o falso culto y doctrina en contra de la fe cristiana y el Evangelio. Acerca de esto escribe Daniel 11:36. Al que San Pablo llama Anticristo en la segunda epístola a los Tesalonicenses 2:3, se trata del Papa con su papado. El otro lo hará con la espada, de modo físico y externo, de la manera más horrible. De esto profetiza categóricamente Daniel 7:25. Y Cristo, en Mateo 24:21, se refiere a una tribulación sin igual en la tierra. Se trata del turco. Siendo, pues, inminente el fin del mundo, es preciso que el diablo ataque antes a la Cristiandad con todo su poder en la forma más terrible, dándonos el verdadero golpe mortal, antes de que subamos al Cielo». (Martín Lutero, «Sermón de campaña contra los turcos» 1526)[1].

---

[1] Martín Lutero, *Obras completas,* Buenos Aires, 1974.

LA ESTRELLA Y EL TRIÁNGULO

La fecha exacta del final apocalíptico estaba predicha por los astrólogos, en particular un amigo de Lutero, Johannes Stoffler, astrólogo y matemático de la Universidad de Tübingen, sostenía que el fin del mundo iba a llegar el 20 de febrero de 1524, pues en dicha fecha se produciría una gran conjunción de los planetas Saturno y Júpiter con el Sol, Mercurio, Venus y Marte en la constelación zodiacal de Piscis, el último signo del Zodíaco. Se esperaba un gran diluvio en aquella fecha, que finalmente no tuvo lugar. Pero daba igual, había una gran tensión en el mundo, diversas amenazas latentes para el cristiano, le creaban miedo y preocupación general. Por lo que era urgente armarse de la verdadera fe y actuar en consecuencia. Está claro que se intuía un cambio, pero en aquel momento no se tenía mucha consciencia de en qué dirección iba a ir el desarrollo de los acontecimientos.

Nadie imaginó que la verdadera reforma del saber y de la ciencia vendría de la mano de un canónigo polaco, Nicolás Copérnico. En el año 1543 se publica su obra póstuma, dedicada al papa Paulo III, *De revolutionibus orbium coelestium*, donde se plantea la teoría heliocéntrica en el marco de una visión matemática de la astronomía. Así la presentan quienes la prologaron, como una mera hipótesis matemática que afina los cálculos y permite saltar las complejas correcciones que planteaba la astronomía matemática clásica de Ptolomeo, el astrónomo de la antigüedad más valorado hasta aquel momento. Sin embargo, hubo algunos astrónomos y filósofos que se tomaron en serio la teoría como una cuestión física, no únicamente matemática, y así comenzó la revolución que dio paso a una nueva forma de pensar el Universo, que ponía en crisis la concepción antigua y medieval del cosmos y la Teología. Pues el cielo era un tema muy delicado, dado que allí se encontraba la morada divina y de los seres celestiales con todos sus rangos.

La concepción antigua y medieval del cielo consistía en que la Tierra se encontraba en el centro de un universo hecho de esferas (orbes celestes) concéntricas, que se movían de forma armoniosa, siguiendo un patrón armónico, supuestamente fijadas en un eje imaginario que atravesaba la Tierra por sus polos y llegaba hasta la Estrella Polar, la única estrella siempre fija en el firmamento. Estos orbes eran ocho, el orbe de la Luna, el de Mercurio, el de Venus, el del Sol, el de Marte, Júpiter, Saturno y el octavo orbe de las Estrellas Fijas. Todos ellos como las muñecas rusas unas dentro de otras por este orden. Las siete primeras se movían a distintas velocidades de Este a Oeste, recorriendo la eclíptica, formada por el cinturón de las constelaciones del Zodíaco, y la octava esfera de las Estrellas Fijas realizaba un movimiento inverso a lo largo de la noche. De manera que los observadores del cielo nocturno podían ver las estrellas y constelaciones moviéndose al unísono en el cielo, y varias estrellas más brillantes, que se desplazaban lentamente por la franja zodiacal siguiendo al Sol y a la Luna, desplazamiento que se aprecia si se toma como referencia a las Estrellas Fijas. Estas estrellas errantes se les denominó planetas y básicamente eran cinco, dos muy brillantes que salían antes o después de la puesta del Sol y otros tres planetas menos vistosos, más lejanos, Marte, Júpiter y Saturno, que se movían lentamente, debido a su gran distancia de la Tierra.

Fue la teología aristotélica primero y después la cristiana las que se ocuparon de llenar el cielo de Inteligencias divinas que movían los orbes celestes, siguiendo el orden previsto por la divinidad para el cosmos de su creación, de una forma perfecta y regular. Por ello, la Divinidad había elegido la figura geométrica más perfecta: el círculo. El Orden Celeste seguía las armonías de las Inteligencias celestiales, que el cristianismo agrupo en tres tríadas de ángeles de distintos rangos. Todos ellos obedeciendo de forma inexorable los mandatos divinos. El Cielo era perfecto pues era el reflejo más claro de la Voluntad Divina. Este Orden o κόσμος fue creado por Dios en el Principio, en los primeros días del Génesis, y así se había conservado de forma completamente inmutable hasta aquellos días. Siempre las mismas estrellas, siempre los mismos planetas, siempre los mismos movimientos del cielo divino.

La teoría heliocéntrica presentada por Copérnico atentaba contra el orden teológico expuesto por Aristóteles y la Teología Escolástica, y que fundamentaba la doctrina escatológica cristiana. Los sabios del siglo XVI todavía miraban el cielo esperando encontrar los signos del designio divino. Esto cambió de forma radical, ciertamente no de la mano de Copérnico sino de sus lectores, que emprendieron la mayor reforma que ha conocido el mundo moderno. Y uno de los más destacados fue, sin duda, Giordano Bruno, quien se propuso llevar a término, en solitario, la gran reforma del saber, que estaba pendiente y vaticinada con más o menos precisión desde los tiempos de Lutero. En el año 1584 ve la luz en Londres *De l'infinito universo e mondi*, un nuevo diálogo de Giordano Bruno, donde afirma que el universo es infinito. Por supuesto hace suyas las tesis matemáticas de Copérnico, que no tiene ningún problema en considerar descripciones físicas del cosmos. Ahora que el Sol ya no orbita la Tierra, sino que es al revés, Bruno añadirá que, además, las Estrellas ya no se encuentran insertas en una octava esfera que encierra los otros orbes, y que más allá tampoco encontramos el Universo Divino, el Cielo Cristalino de los Escolásticos, sino que el universo es infinito. Y así lo afirma: «En el espacio infinito o bien podrían existir infinitos mundos semejantes a éste o bien que este universo extienda su capacidad y comprensión de muchos cuerpos como son éstos a los que llamamos astros»[2]. El cielo se abre de forma infinita y perdemos a Dios y su jerarquía angélica, que abandonan las regiones celestiales para no regresar. Bruno rompe los orbes ce-

---

[2] Giordano Bruno, *Del infinito: el universo y los mundos*, Madrid, 2001, p. 113.

lestes, para mostrar un cosmos infinito, en el que el Sol es una estrella más, rodeada de seis planetas, entre los que se encuentra la Tierra, en algún lugar de este cosmos infinito. Desafiando así a la visión tradicional y a la Teología Escolástica, lo que le valió la muerte de la mano de la Inquisición romana.

Naometría y la Mónada jeroglífica

Aunque cronológicamente fue antes la *Mónada jeroglífica* de John Dee que la *Naometría* de Simon Studion, no quiero perder el hilo sobre el final apocalíptico con el que amenazaba Lutero y el protestantismo durante todo el siglo XVI. Naometría significa la medida del *naos* o el templo y consiste en una serie de cálculos a partir de las medidas arquetípicas del Templo de Salomón que aparecen recogidas en la obra del mismo nombre de Simon Studion, publicada en Tübingen en 1604. Las medidas del Templo de Salomón son las recogidas en el Libro de los Reyes y de las Crónicas del Antiguo Testamento, y de las que Studion deduce que entre el 1560 y 1590 había comenzado la época del Espíritu Santo, tras abandonar la época del Hijo y la del Padre, muy anterior. Una cronología milenarista que se conservaba de la Edad Media, y que pretendía que había tres épocas históricas, la era del Padre, en la que no se conocía al Hijo, desde la creación del mundo y de los patriarcas del pueblo de Israel, a la que el Cristo pone fin e inaugura la nueva época del Hijo, que según Studion habría terminado en aquellos años convulsos. Esta nueva época que comienza ahora está marcada por el fuego del Espíritu Santo y supone una verdadera transformación de la historia y la humanidad.

¿Qué significaba para estos personajes de principios del siglo XVII la época del Espíritu Santo? En la obra de Studion se nos desvela la existencia de una Liga Protestante dispuesta a enfrentar a la Liga Católica capitaneada por el Emperador Habsburgo y anclada en los viejos paradigmas culturales y religiosos. A dicha Liga Evangélica concurrieron la corona británica y algunos príncipes alemanes, llevaba por nombre la Milicia Crucífera Evangélica. Sin duda, lo que en aquellos tiempos era moderno y por tanto opuesto a la tradición escolástica de la Edad Media, era el espíritu del Renacimiento, que había llevado hasta una Reforma religiosa. Los príncipes protestantes serán prohombres del Renacimiento, mecenas de las Artes y las Ciencias, que en aquel momento contaban con el punto de vista hermético y platónico, por oposición al aristotelismo escolástico. Podemos decir que los reinos protestantes eran lo más moderno de la época, frente a lo católico, encarnado por la corrupción papal. Poco tiempo después de la publicación de *Naometria* se forma en la ciudad universitaria de Tübingen un círculo de jóvenes estudiantes y eruditos, en torno a la figura de Tobias Hess, un jurista amante y fascinado por esta obra, que agrupará a varias figuras clave en la aventura de la Rosacruz.

Otra obra que gozó de gran acogida entre los eruditos protestantes dispuestos a poner en marcha una revolución cultural, capitaneados por los príncipes protestantes alemanes, sobre todo por el príncipe elector Federico V de Wittelsbach-Simmern del Palatinado del Rin, fue la obra de John Dee *Monas hieroglyphica*, publicada en Amberes en el año 1564. En el frontispicio del libro vemos dos columnas que representan al Sol y la Luna enmarcando el misterioso símbolo de la mónada jeroglífica, y que consiste en un sol entrelazado con una luna, que se apoya sobre la cruz de los cuatro elementos, que brota del fuego, representado por el signo astrológico de Aries ♈.

Este jeroglífico comprende en sí los símbolos de todos los planetas visibles en aquella época. Pues con la cruz, una luna y un círculo solar, más el símbolo de Aries, encontramos velado el significado de los símbolos planetarios. Saturno es una cruz en cuyo pie se encuentra una luna, simbolizando una luna cubierta bajo la cruz de los elementos. Júpiter por el contrario, muestra la luna ascendida por el brazo izquierdo de la cruz elemental. Mercurio une al sol y la luna sobre la cruz, como la Mónada de John Dee, que claramente remite al Mercurio de los filósofos. Venus es un sol sobre la cruz y Marte un sol con el símbolo de Aries, signo del cual ostenta la regencia.

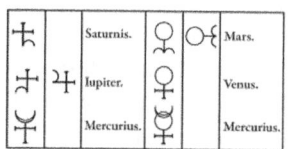

La obra está escrita *more geométrico* como los Elementos de Euclides y en su décimo teorema, Dee nos dice: «Este símbolo ♈ de la dodecatemoria de Aries (semejante a una cúpula cortante y puntiaguda), tal como la usan los astrónomos, es conocido por todos; y asimismo es bien sabido que en ese lugar del cielo indica el origen de la triplicidad ígnea[3]. Hemos, por tanto, añadido el signo astronómico de Aries para significar que (en la práctica de esta mónada) es necesario el ministerio del fuego. Y hemos llegado así, considerando jeroglíficamente nuestra mónada, a una concisa y única conclusión, que deseamos mostrar solo en su contexto jeroglífico como sigue: El Sol y la Luna de esta Mónada desean separarse de sus elementos, en los que la proporción denaria se fortalecerá; lo cual será realizado mediante el ministerio del fuego».[4]

El oscuro lenguaje del astrólogo isabelino nos deja con estos misteriosos acertijos una cosa clara, Sol y Luna buscan separarse por el ministerio del fuego que representa el vértice superior del triángulo de fuego formado por las tres constelaciones de Aries, Leo y Sagitario. Sobre la proporción denaria se refiere a la suma de los cuatro primeros números que forman la cruz y de la que resulta el número diez (1+2+3+4). La cruz elemental se puede ver como el denario, que se verá reforzado por la separación del sol y la luna, o el oro y la plata alquímicos, gracias a la acción del fuego.

Tal vez lo sorprendente de todo esto es cómo se conservó esta imagen del fuego entre el sol y la luna, representados por dos columnas, con un símbolo sintético del triángulo de fuego, que forman los tres signos zodiacales a los que se les asigna dicho elemento. Esto se verá confirmado por la aparición de una nueva estrella en el cielo, coincidiendo con un trígono ígneo, formado por los planetas regentes de los signos de fuego, Marte en Aries, el Sol en Leo y Júpiter en Sagitario, a una distancia respectivamente de 120°. ¿Pudo entenderse este oscuro teorema como el vaticinio de un fenómeno astronómico y astrológico que tuvo lugar en el año 1604 y que fue descrito por el mayor astrónomo de la época, Johannes Kepler?

La nueva estrella y el trígono ígneo

En el siglo XVI y principios del XVII todavía se miraba al cielo esperando encontrar una explicación a los años convulsos que se estaban viviendo en Europa, donde se estaba fraguando una tremenda guerra que duraría 30 años y asolaría el Sacro Imperio, en su mayoría dominado por la nueva fe evangélica. Los astrónomos todavía eran astrólogos, que entendían que las

---

[3] El trígono ígneo es un aspecto astrológico, que supone una relación angular de planetas en el círculo zodiacal de 120°, e ígneo porque este trígono está formado por los tres signos de fuego: Aries, Leo y Sagitario.
[4] John Dee, *La Mónada Jeroglífica*, Barcelona, 1991, p. 95.

estrellas y los planetas condicionaban la vida en la Tierra, cuya centralidad solo era cuestionada por unos pocos en aquel momento. Los astrónomos-astrólogos eran los matemáticos, los principales interesados en las ciencias matemáticas, junto a los constructores de edificios religiosos y obras civiles y militares, también denominados geómetras. Tras la estela de Nicolás Copérnico, fallecido en 1543, poco tiempo antes de la publicación de su obra *De revolutionibus orbium coelestium*, tenemos a figuras muy relevantes, como fueron Galileo Galilei o, el ya citado, Guiordano Bruno. Ambos hicieron del copernicanismo una amplia difusión, y por ello tuvieron que pagar un alto precio.

Entre los matemáticos astrónomos que tendieron puentes entre el copernicanismo y la visión tradicional geocentrista, destaca el renombrado astrónomo danés Tycho Brahe. Astrónomo y astrólogo de la Corte Imperial de Praga, fue famoso por sus bastos conocimientos en la materia, y por ser la persona que había reunido el mayor catálogo de estrellas de su época.

Tycho Brahe fue el primero en ver una estrella supernova y comentar el fenómeno. Esta supernova apareció en el año 1572 y se podía ver en la constelación de Casiopea. Un año más tarde Tycho Brahe publica *De stella nova* explicando el fenómeno. El proceso es como sigue: primero se forma un gigante rojo, que más tarde despide una luz muy intensa blanca y finalmente deja un agujero negro. Más o menos así se observa desde la tierra el fenómeno de la explosión de una estrella, que curiosamente reproduce las tres etapas del *Opus magnum*, las fases de la obra alquímica: la *rubedo*, la *albedo* y por último la *nigredo*. Tycho Brahe que escribió varios libros de astrología, también durante algún tiempo se consagró al estudio de la Alquimia. Sin embargo, sus cálculos astronómicos, el descubrimiento de la primera supernova, lo colocan entre los padres de la Ciencia Astronómica moderna. Tycho Brahe colaboró al final de su vida con Johannes Kepler, autor de las Tablas Rodolfinas en honor al Emperador Rodolfo II de Habsburgo, tablas planetarias para las que contó con gran material facilitado por Tycho Brahe. Kepler fue sucesor en el cargo de astrónomo imperial tras la muerte de Tycho Brahe en 1601, en la Corte de Rodolfo II, el emperador de los alquimistas.

Si nos ponemos delante el escenario que venimos describiendo de los tensos años previos a la más sangrienta de las guerras de religión que tuvieron lugar en la época, la Guerra de los Treinta Años, un fenómeno astronómico tal tenía que verse como el anuncio de hechos tremendos, una estrella que aparece y luego desaparece del firmamento después de haberse hecho notar con fuerza en el cielo, para una cultura fuertemente influenciada por la idea de la inmutabilidad de los cielos desde su creación en el principio, debió ser poco menos que traumática. Los cielos ya no eran tan divinos e inmutables como se había creído hasta la fecha. El cielo también cambia, las estrellas aparecen y desaparecen. Esto, por un lado, confirmaba las tesis de Guiordano Bruno sobre la infinitud del universo, y para los no tan osados, sin duda debía ser el aviso divino más llamativo, que solo podía interpretarse como la inminente venida de un gran mal, como la Bestia, el Anticristo o el esperado diluvio, que no tuvo lugar en 1524. Ahora, en el año 1572, la advertencia debía sentirse como definitiva.

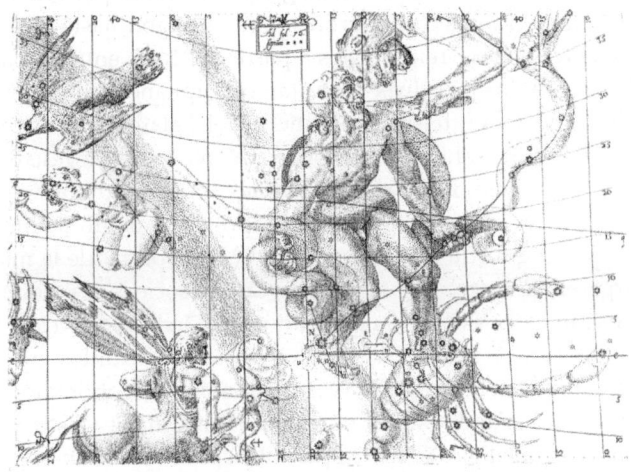

Dibujo de la constelación del Serpentario (Ofiuco) con la supernova (N) de 1604 en el pie derecho. Ilustración del libro *De stella nova* de Johannes Kepler.

Pero no acabó aquí la cosa, pues en el año 1600 fue Kepler quien da testimonio de otra supernova, esta vez en la constelación del Cisne, descrita en el opúsculo *Stella tertii honoris in Cygno quae usque ad annum MDC, fuit incognita negdum extinguitur Astronomica narratio*. Y, para colmo, cuatro años más tarde, en el año 1604, se pudo ver otra supernova en el pie de la constelación de Ofiuco, llamada el Serpentario. Esta vez, Kepler explica que dicha estrella nueva está acompañada de un fenómeno astrológico, el Trigono Igneo, un triángulo que resulta de dividir en tres partes de 120° la circunferencia del zodíaco y que lo formaron los planetas Marte en Aries, el Sol en Leo y Júpiter en Sagitario, todos a una distancia angular entre sí de 120°. Estas tres constelaciones son por tradición en Astrología las tres constelaciones correspondientes al elemento fuego, y sus correspondientes planetas son los regentes naturales de cada uno de estos signos zodiacales. Kepler además de un gran matemático y astrónomo, se interesó por la astrología, como todos los astrónomos del momento, en particular, por las relaciones angulares entre los planetas, los aspectos astrológicos, que consideraba causantes de los distintos fenómenos atmosféricos.

Estas son las señales astronómicas que aparecieron a principios del siglo XVII, un siglo que comenzaba con la muerte en la hoguera de Giordano Bruno, por hereje impenitente. Y que poco tiempo después verá cómo se despliegan dos fenómenos de gran resonancia histórica y con ciertas conexiones entre ellos, la publicación entre los años 1614 y 1616 de los Manifiestos Rosacruces, un fenómeno cultural de gran resonancia, pues motivará una respuesta del mundo intelectual europeo sin parangón hasta la fecha; y el inicio de la Guerra de los Treinta Años a partir del 1618, entre la Casa Imperial de Habsburgo y los príncipes protestantes, capitaneados por el príncipe elector Federico V de Wittelsbach-Simmern del Palatinado del Rin, quien desafió a los Habsburgo al lograr su nombramiento como Rey de Bohemia y amenazar la continuidad de la familia austríaca en el trono imperial. Ambos acontecimientos marcarán un siglo que sin duda es el punto de inflexión en el cambio de paradigma de la humanidad, con el despertar de la nueva ciencia, que surge en el marco del desarrollo de las sociedades científicas, tal como ya explicamos en esta revista en el número dedicado a «ciencia y mística», donde también se mostraba como vieron la luz distintos movimientos utópicos, sociedades científicas y la Francmasonería[5]. A continuación nos interesa comentar el efecto de estos fenómenos astronómicos y astrológicos entre los Rosacruces del siglo XVII y la pervivencia de los mismos en los símbolos masónicos de la Estrella y el Triángulo.

La síntesis Rosacruz del siglo XVII.

La Rosacruz del siglo XVII es solo un relato. No existió hasta bien entrado el siglo XVIII una Orden de la Rosacruz, como se describe en los Manifiestos. Y cada vez parece más claro que fue un relato hasta cierto punto satírico que no tenía más intención que la de invitar a la formación de sociedades científicas dispuestas a compartir sus descubrimientos. La verdadera Orden internacional que se formó unos años más tarde, en torno a la fecha de la Restauración Monárquica en el Reino Unido, 1661, fue la Francmasonería. Y en su seno, un siglo más tarde, surgirá la primera Orden Rosacruz para Maestros masones.

Por tanto, partimos de la idea de que la Rosacruz fue solo un relato, publicado en tres pequeñas obras de los años 1614, 1615 y 1616. Y este relato, que quería hacerse eco de las noticias de interés científico de la época, cita las

---

[5] CULTURA MASÓNICA, Año XV, núm. 56, *Ciencia y mística, cuatro siglos de intelectualidad y tradición iniciática*, enero 2024, que recoge el ciclo de conferencias de la Respetable Logia Porta de Denderah, nº 84 de la Gran Logia Simbólica Española, con tres conferencias sobre el siglo XVII, «Utopías y círculos intelectuales del siglo XVII» de Juan Almirall, «La Rosacruz, Comenius y la Masonería» de Eduard Berga y «La Royal Society y la nueva ciencia» de Sergi Grau.

nuevas estrellas, las supernovas del Cisne y Serpentario, ésta última acompañada de un Trígono Ígneo.

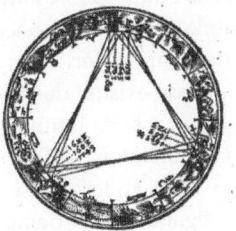

Trígono ígneo, representado en la obra
de Johannes Kepler *De stella nova.*

Pero, tal vez, lo más interesante es cómo los autores de los Manifiestos interpretan los fenómenos. Leemos en la *Fama Fraternitatis*, el primero de los tres Manifiestos, del año 1614: «Verdaderamente, debemos reconocer que ya por entonces el mundo estaba embarazado de una gran inquietud, abriéndose paso arduamente al nacimiento y creando así héroes infatigables y meritorios, que atravesaban con toda fuerza la oscuridad y el barbarismo dejándonos a nosotros, los débiles, la elección de seguirles. Seguramente fueron la punta del triángulo ígneo, cuyas llamas lucen cada vez con más claridad y que, sin lugar a dudas, encenderán para el mundo la última luz»[6]. El trígono ígneo es interpretado por los autores como la llegada de un nuevo impulso cultural, la época del Espíritu Santo, de la mano de grandes personalidades, más adelante nos hablarán de Paracelso, personaje que inspira a los autores de los Manifiestos, y cómo no, Copérnico y los copernicanos. La *Fama* se hace eco de la gran revolución que se ha puesto en marcha y que va a llevar más allá a las Artes y las Ciencias, a lugares no imaginados por los académicos escolásticos y el entorno corrupto del papado, «acostumbrados por completo a su error y además éste les proporcionaba suficientes ingresos»[7].

La fábula continúa en el siguiente relato, publicado un año después, la *Confessio Fraternitatis R.C.* donde se recuerda el fenómeno de las dos supernovas de las constelaciones del Cisne y Serpentario, en los años 1600 y 1604. Dice así el capítulo VIII de la *Confessio*:

Para dar a conocer Su voluntad, antaño Dios ya mandó mensajeros; a saber, astros que han aparecido en las constelaciones de Serpentario y Cisne. Como grandes señales de Su poderoso designio, ellos podrían enseñarnos en ver-

[6] Jan van Rijckenborgh, *La llamada de la Fraternidad de la Rosacruz Análisis esotérico de la Fama Fraternitatis R.C.*, Zaragoza 1993, p. 82.

[7] *Ibidem*, p. 71.

dad, si previamente fuese unido todo lo descubierto por la perspicacia del ser humano, de qué manera Él quiere que Sus decretos ocultos sean provechosos. Por lo tanto, el Libro de la Naturaleza estará abierto y será revelado ante los ojos de todo hombre, aunque sólo unos pocos serán capaces de leerlo en su totalidad, y menos aún de comprenderlo.

Así como en la cabeza humana existen dos órganos para oír, dos para ver, dos para oler y uno para hablar, y sería inútil exigir a los oídos que hablasen o a los ojos que oyesen, así también han existido épocas durante las cuales se veía, otras en la que se oía, y otras en las que se olía. Queda aún por llegar, y se está acercando a pasos agigantados, el tiempo en que la lengua tendrá el honor de hablar y expresar finalmente todo lo que en algún momento ha sido visto, oído y olido. Tan pronto como el mundo haya superado la embriaguez de la aturdidora y envenenada copa que ha bebido, irá por la mañana temprano, alegre y jubiloso, con el corazón abierto, la cabeza descubierta y los pies desnudos, al encuentro del sol naciente[8].

Dos poderosos designios de la voluntad divina han aparecido en el cielo, en las constelaciones del Serpentario y el Cisne, y es muy curioso como interpretan estos designios los autores de la fábula Rosacruz, las estrellas nuevas nos podrán enseñar los ocultos decretos divinos si los seres humanos unen todos los descubrimientos debidos a su perspicacia. En el centro de la fábula Rosacruz, tanto de la *Fama* como en este capítulo VIII de la *Confessio* se encuentra la invitación a los eruditos de Europa a compartir sus conocimientos para engrandecer la sabiduría humana y poder así interpretar los decretos divinos escritos en el cielo. En el fondo es una invitación a formar una sociedad científica, lo que más tarde llegó a ser la Royal Society de Londres, la primera de las sociedades científicas, fundada unos años más tarde. Johannes Valentin Andreae, uno de los miembros del Círculo de Tübingen autor de los Manifiestos Rosacruces, describe en una obra utópica publicada en 1619, *Descripción de la República Cristianópolis*, una República ideal en cuyo centro se encuentra un Colegio, una especie de universidad, desde donde se gobierna y educa a sus habitantes[9]. La fábula Rosacruz fue una invitación a los eruditos de Europa para que compartieran su saber y emprendieran la labor de educar a los habitantes de la República humana. Esta labor se emprendió bastantes años más tarde al convertirse en el objetivo de la Ilustración durante el Siglo de las Luces. También fue uno de los principales objetivos de la Francmasonería, una sociedad utópica que pretendió unir a los se-

---

[8] Jan van Rijckenborgh, *El testimonio de la Fraternidad de la Rosacruz Análisis esotérico de la Confessio Fraternitatis R.C.*, Zaragoza 1999, p. XXI.
[9] Almirall Arnal, Juan, «Utopías y círculos intelectuales del siglo XVII», en CULTURA MASÓNICA, *op. cit.*, p. 19.

res humanos más allá de las fronteras, y que recogió algunos de los símbolos de la fábula Rosacruz, con los que intentaba educar a sus miembros.

Pero antes de terminar con el episodio de la Rosacruz, ya que se trata de una fábula tremendamente inspiradora y que así lo fue para muchos de los encuentros y progresos que tuvieron lugar años más tarde, veamos un último fragmento, consistente en unos versos de las *Bodas Alquímicas de Cristián Rosacruz*, escrito por Johannes Valentin Andreae y publicado en la ciudad de Estrasburgo en el año 1616:

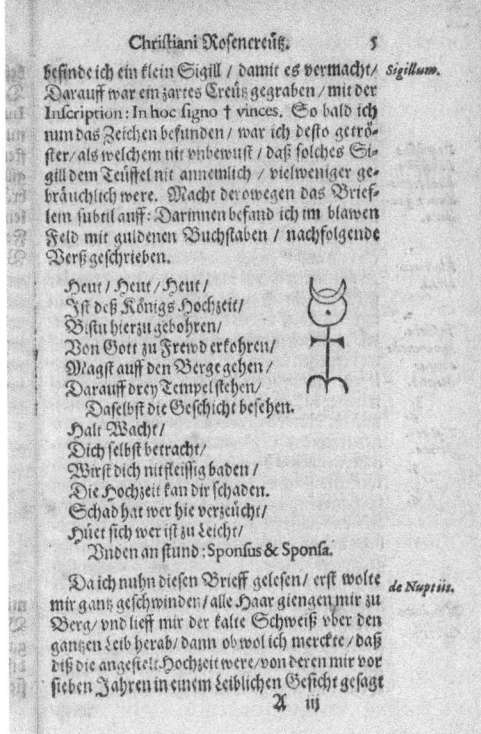

Hoy, hoy, hoy,
Son las Bodas del Rey,
Si has nacido para participar en ellas.
Elegido por Dios para la alegría,
Ves hacia la montaña
Donde se erigen tres templos
Y allí contemplar el prodigio.

¡Mantente orientado hacia la meta!
¡Examínate bajo la luz!
Si no te has bañado con diligencia
Las Bodas te dañarán.
Sufre quien se mantiene en sus pecados,
Pues será encontrado demasiado ligero.
Sponsus & Sponsa

Esta es la invitación a las Bodas Alquímicas del Sol y la Luna, el *Sponsus & Sponsa*, un acontecimiento iniciático, solo para aquellos de una gran pureza, capaces de subir a una montaña donde se alzan tres templos, los lugares del prodigio. Junto a la invitación aparece la imagen de la Mónada jeroglífica de John Dee. Es por tanto, un acontecimiento astronómico y alquímico lo que se presenta como el matrimonio químico rosacruz. Al final, todo el relato está presentado como una iniciación a los misterios del Sol y la Luna bajo el ministerio del fuego, del trígono ígneo. El final del capítulo VIII de la *Confessio* nos muestra cómo avanza el iniciado hacia la Luz de un nuevo Sol: «Irá por la mañana temprano, alegre y jubiloso, con el corazón abierto, la cabeza descubierta y los pies desnudos, al encuentro del sol naciente.»

El remanente simbólico: la Estrella y el Delta masónicos

Con los pies desnudos, la cabeza descubierta, (los ojos vendados), alegre y jubiloso, aunque un poco inquieto por la incertidumbre del Misterio, y con el corazón abierto, avanza el profano hacia la iniciación, el encuentro con la luz del Sol naciente. Así se inicia el Aprendiz francmasón en su primer día en la Logia, el día de su iniciación. Así recrean los Francmasones la fábula de la Rosacruz. Este profano llega a la logia masónica totalmente a ciegas, desconocedor de la luz que va a compartir, los conocimientos que los francmasones comparten entre ellos en el más puro estilo rosicruciano. Pues al final, la fábula Rosacruz del XVII animó a la fundación de la Royal Society, si hablamos con propiedad, e inspiró a la Orden de los Francmasones, donde sí encontramos una recreación de mitos y misterios que mucho deben al relato Rosacruz.

El Aprendiz, recién llegado a la Logia, se sienta en silencio en la Columna de la Luna, la más oscura, pues se encuentran en la ignorancia y «no sabe leer ni escribir», aquí se encuentra la obra civilizadora de la Orden de los Francmasones. El Aprendiz llega en absoluta ignorancia, después de dejar todos sus metales fuera del Templo, y se sienta en silencio, en la oscuridad, a observar cómo Compañeros y Maestros escenifican y conversan sobre los Misterios de la Gnosis, del Conocimiento y la Sabiduría divinas. Y lo hacen bajo la luz del Triángulo, el Delta que preside la Logia y se encuentra en el centro de las Columnas del Sol y la Luna, como la Mónada de John Dee, el ministerio del fuego, la Gran Obra de transformación alquímica. De hecho, Johannes Valentin Andreae veía con desagrado la alquimia física y experimental, que había arruinado y enfermado a muchos. En las *Bodas Alquímicas de Cristián Rosacruz* nos presenta una alquimia espiritual, una transformación interior del ser humano, un trabajo individual que debe abordar cada uno, como el Aprendiz sentado en silencio en la columna sombría.

Pero también encontramos a la Estrella, la supernova de Kepler. El Aprendiz se la encuentra cuando es recibido Compañero, en el segundo día de iniciación, en el ritual de Aumento de Salario, donde tiene lugar el pase de grado. Deja atrás la noche y la ignorancia, después de tres años de preparación, como dicen las Bodas Alquímicas un pánico sobrecoge al invitado, pues no se siente preparado para un acontecimiento tan arriesgado. Es un encuentro con la Estrella Flamígera, a eso abocan los viajes que hace el Aprendiz para llegar a ser Compañero. Se hacen varios viajes para ver la Estrella, aunque, como siempre en el ritual masónico, no sabe muy bien lo que te espera. En el universo simbólico de la Masonería la Estrella es un pentagrama envuelto en llamas, con un G en el centro. El grado de Compañero no es otra cosa que una iniciación en la Gnosis, en el conocimiento que inflama el alma y el intelecto del Francmasón. Allí aprende diferentes misterios, según el Rito, y eso le permite ver la supernova, la Estrella en llamas, tras lo cual podrá sentarse en la Columna del Sol.

Vemos así, como un remanente, lo que ha sobrevivido de aquella época del Espíritu Santo, la época de la revelación de la Gnosis, de los designios divinos que fueron anunciados con las estrellas aparecidas en las constelaciones de Casiopea, el Cisne y el Serpentario. Una nueva era, sin duda, un nuevo paradigma, clarísimo, y unos nuevos Misterios, en los que se pasa por rituales y símbolos, cuyo origen se desconoce y su sentido todavía menos. Una nueva Ciencia, una nueva forma de entender el mundo y el Universo. Un cielo abierto e infinito, Dios todavía más oculto, tal vez en lo profundo del corazón humano, pero ya es difícil de ver en el Cielo, las supernovas son un fenómeno astronómico que no ha dejado de suceder. Sin embargo, el cielo sigue siendo un misterio, algo que nos llena de sobrecogimiento por su inmensidad, las pocas veces que lo observamos.

Sin embargo, el símbolo nos apela y la triple divisa del Libro T de los Rosacruces todavía se puede aplicar a la iniciación masónica: *ex Deo nascimur*, el Aprendiz nacido del Padre y bajo su tutela, llega con absoluta ignorancia y oscuridad frente al Misterio, simplemente nacido de Dios; *in Iesu morimur*, el Compañero es iluminado en la luz de la Gnosis, de las Estrella de Fuego, que le ilumina y le conduce a la muerte; para resucitar por el ministerio del fuego, *per Spiritum Sanctum reviviscimus.*

Gaston Clerc, Doctor Arquitecto al servicio del MISSM. Iniciado en la Gran Logia de España (GLE), en la RL Arquímedes; y Miembro fundador de varios Talleres simbólicos y filosóficos de diversos Ritos, donde ha ejercido como Venerable Maestro. Fue Gran Oficial provincial y nacional de la GLE; y, durante más de cinco años, Gran Secretario del Supremo Consejo del Grado 33° y Último del Rito Escocés Antiguo y Aceptado (REAA) para España. Desde enero de 2012, es el Gran Maestro de la Gran Logia Regular de España de Menfis-Mizraim (GLREMM), Soberano Gran Comendador de su Supremo Consejo, Presidente de su Soberano Santuario y Miembro del Soberano Santuario Internacional del Rito Antiguo y Primitivo de Menfis-Mizraim (RAPMM). Grado 33° del REAA; Grados 66°, 72°, 90°, 95°, 96°, 97° y 98° del RAPMM; CBCS; Caballero del Temple, de Malta, de Rodas y de Palestina; pasado Secretario Mundial de la OMI y actual Presidente de la OMI-OMMI (Gran Colegio Hermético de la Federación Internacional), en calidad de S∴I∴L∴I∴ (LI-VI); pasado Gran Maestro del Rito de Cerneau (2015) y de la Fraternité Hermétique de Louxor (2016-2019); Réau+; y Obispo de la Iglesia Gnóstica (IGE). Gran Hierofante del Rito (99°) y Gran Maestro Mundial en la Federación de Grandes Logias Regulares de Menfis-Mizraim (17/03/2020). Responsable de la traducción y adaptación de *El Rito Antiguo y Primitivo de Menfis-Mizraim: Del Mito a la Realidad*, de Agastya (2016); y autor de numerosos artículos en revistas nacionales e internacionales, así como de varios libros de divulgación masónica, iniciática y esotérica: *Teúrgia Operativa* (2015), *Los Diez Libros de la Cábala Mística* (2019)…

LA LUZ MASÓNICA
EN EL
RITO DE MENFIS-MIZRAIM
El significado de la primera luz
en la iniciación egipcia

Gaston Clerc

«Con la Luz adecuada, en el momento adecuado, todo es extraordinario» - Elishibah Msengeti Poriot.

1. Introducción

La primera Luz, aquella que vislumbra el recién Iniciado en el Rito, no es más que un reflejo de la Fuerza Vital que se vincula con el Sol (Ra), en un ejercicio de equilibrio entre lo Mental, lo Físico y lo Espiritual. La Luz que entra por los ojos del Iniciado es un doloroso recordatorio de que existe un Orden Superior que nos impulsa hacia la búsqueda de Inmortalidad, por medio de un trabajo constante (regular y sostenido), que conlleva una transmutación de lo físico y mortal a un Cuerpo de Gloria que nos aproxima a nuestra verdadera esencia.

Esta es la única Luz (metafísica) que nos estará permitida contemplar en todo nuestro proceso de «*reconstrucción*» hacia ese Cuerpo superior, que rompe con lo material y profano. Nuestro trabajo consistirá en apreciar todos los pequeños detalles de esa luminosa (pero transitoria) visión e impregnar con ella nuestra Mente, para obtener, con su oportuna destilación, el mapa esotérico que nos conduzca al anhelado destino, bajo la Palmera y a la sombra de la Pirámide. Toda esta visión espiritual, ofrecida como un regalo por todos los Hermanos de la Logia al ya *recibido*, requiere perseverar en la idea del equilibrio entre aquello que nos calienta, la Luz, y aquello que nos enfría, la Sombra; pero nada más complejo, extraño y perturbador para el recién llegado que discernir qué es la Luz y qué es su oscuro y frío «*complementario*» (que «*no contrario*»).

LA LUZ MASÓNICA EN EL RITO DE MENFIS-MIZRAIM

La primera lección: Nada es opuesto de algo; sino que aquello que nos parece contrario no es más que una percepción equívoca y falsa de la realidad espiritual que nos une al Creador. Es así como esa Luz que *incomprensiblemente* surge del Caos Primordial, y que nos ciega por unos instantes casi eternos, nos ilumina la Mente; preparándola para lo que va a seguir hasta la conclusión del Ritual de Iniciación. Nada de lo que se muestre y oiga, desde ese momento, al *recibido* a la Luz Masónica en el seno del Templo de la Verdad-Justicia deberá interpretarse y recordarse tal como sucede en el Mundo Profano; pues ya no estamos en él y nada de lo que podemos oír, ver y observar se aleja suficientemente de un reflejo de esa falsa verdad (*maya*) que domina nuestros sentidos físicos. La Luz que se nos muestra, tras caer la venda de la Oscuridad espiritual, es, al mismo tiempo, resplandeciente y confusa, cálida y fría, lejana y próxima, hasta tal punto que nuestro cuerpo físico sufre un desgarro y una conmoción como nunca antes la habíamos experimentado, una descarga de energía desconocida y que es capaz de afectar y de abrir nuestro entendimiento hasta más allá de lo imaginado; pero, con el paso del tiempo, todo decae y la Luz vuelve a desaparecer, sólo en apariencia, hasta que recibamos la debida Instrucción, «la apropiada a nuestro grado de desarrollo y comprensión espiritual» (que no se refiere al nivel intelectual), que nos capacitará para seguir avanzando hacia la Luz verdadera, la que ya no está en este Mundo y de la que sólo vemos un minúsculo reflejo. Y eso lo entenderemos en el momento que comprendamos que la Resurrección es el verdadero y único «punto de inflexión entre lo mortal y lo eterno»; entre lo que nos une a lo material y transitorio, de aquello que lo supera y que identificamos como sublime al estar ya reintegrado en el Creador. Ese es el misterio de la Luz Masónica, que se recibe en la Iniciación y de donde ya no es posible volver; pero el ideal que se nos imprime «a Mallete y Cincel» en el Templo de la Sabiduría, como base psicológica para explorar con nuestro referente mental y social, en nuestra profundidad abisal, allí donde se aviva el fuego interior con nuestra frustración atávica y la ansiedad más ancestral, tiene dos vertientes muy claras; a saber: la Luz Masónica tiene que ser *compartida* y *recíproca* («sale de nosotros; y a nosotros vuelve»; y esto lo dejo a los lectores para su reflexión). Algunas Tradiciones lo entendían como un verdadero Bautismo de Fuego, tras el que no había ninguna opción para retornar a un Mundo ya infinitamente alejado de nuestra nueva comprensión de lo espiritual. La Luz nos hace diferentes y abiertos a una percepción que nada tiene que ver con el pasado profano («*La percepción es Deidad*», Thinley Norbu Rinpoche). En ese instante *percibimos* la infinidad del tiempo perdido y el ocaso de un Mundo que nos ha rodeado hasta ese momento con el engaño, la superstición, la codicia, el egoísmo y el error en cualquiera de sus formas y tentaciones; alejándonos de la verdadera identidad del Ser (*necesitamos de esta experiencia para construir nuestra personalidad*).

2. *Los-Dos-Ojos* que siempre vigilan

Una de las imágenes simbólicas más poderosas del arte egipcio son «*Los-Dos-Ojos*» que miran de manera inquisidora desde los muros de los templos o desde los sarcófagos: el ojo derecho o de Ra, símbolo del Poder, del Orden y de la Justicia, manifestación mental de carácter solar que abarca todo el territorio espiritual y metafísico de la cosmogonía egipcia, entre lo pacífico y lo violento (rigor), entre lo misericordioso y lo brutal, expresión del sublime poder mágico y trascendente del Aire (Soplo divino o Fuerza Vital) y del Fuego (Chispa divina o Espíritu, o sea, es una emanación o fracción surgida del Pléroma gnóstico), identificado con el color *rojo*; y el ojo izquierdo o de Horus, el *Udjat*, de carácter lunar y femenino, símbolo de la protección divina, del poder de la Magia (cuya personificación, Heka, es responsable de activar el Ka o Fuerza Vital) y de la restauración del Orden Supremo (la Verdad), como manifestación del eterno ciclo «vida-muerte-resurrección», es decir, como imagen de la Reintegración en la Divinidad tras el paso por la existencia mortal, asociado al color verde o negro y que se expresa con una Serpiente («el hermetismo la crucificó»), aquella Entidad que transfiere la fertilidad a la Tierra y al Agua (algunos Ritos lo vinculan al color blanco; aunque esta idea se aleja del significado de *Kemet*, la tierra negra o fértil que remite a los limos que deposita el buen Nilo en sus crecidas anuales). Bajo esta perspectiva simbólica, Heka, el que activa la Fuerza Vital, es una «*impregnación metafísica*» de la Verdad en el Ser que ha sido capaz de conquistar (o pretende, con todas sus fuerzas) sus vicios y reconducirlos hacia la Luz sempiterna de la Divinidad (el retorno al Pléroma). Estos dos colores, el *rojo* (*desher*) y el *verde* (*wadi*), son muy importantes en el simbolismo del Rito Egipcio. Durante la conversión del neoplatonismo al hermetismo occidental, el rojo perduró como tal, siendo el símbolo del Fuego elemental, de la Columna J y del ojo *derecho* de Ra («*Él establecerá*»), que, en el Rito de Menfis-Mizraim se sitúa al final de la bancada de los Aprendices, al lado del Segundo Vigilante (desde el Oriente, a la *derecha*; en el Sur, dominada por el *calor* del Sol-Ra); y el verde se transformó en azul (*irtiu* y *jesbedej*), que, en ocasiones, se cambia por *blanco*, siendo el símbolo del Agua [del Nilo], del Cielo, de la Columna B y del ojo *izquierdo* de Horus («*En Él* [está] *la Fuerza*»), que, en nuestro Rito se coloca al final de la bancada de los Compañeros y Maestros, al lado del Primer Vigilante (desde el Oriente, a la *izquierda*; en el Norte, controlada por el *frío* que emana de la Luna-Horus). Por consiguiente, se *invierte* la situación de las Columnas B y J (es un hecho singular y extraño a otros Ritos y Regímenes masónicos); lo que está directamente relacionado con las Palabras Sagradas. Luego, todos estos colores quedan integrados en la Luz Masónica que se adquiere durante la Iniciación, porque remiten a «*Los-Dos-Ojos*». Por ello, antes de avanzar, conviene dar una breve reseña de lo que representan.

El *rojo* (el color extraído del óxido de hierro y del polvo de Cornelia) simboliza la vida, la energía y la victoria y, a menudo, era el color elegido para los amuletos mágicos como el *Tyet* (el Nudo de Isis o la Sangre de Isis; símbolo del poder femenino asociado a Ra, la seguridad, el orden, la protección y la regeneración cíclica). El rojo también es el color del desierto, el «*territorio árido*» que era el dominio del Mal y del dios Set (el Sol-Ra da la vida, pero también la quita: hace posible que las plantas crezcan y se desarrollen, convirtiéndose en alimento y nutrientes; pero también las puede aniquilar con su calor extremo y sequedad, llevando la hambruna a los hombres). Las momias de los faraones contenían una pequeña «*reproducción*» del Corazón físico (*Hati*), que siempre se tallaba en una misteriosa «piedra roja»; es decir, que era «de una piedra preciosa y brillante de color rojo fuerte» (*cf.* Ritual Martinista, *Discurso de Recepción*).

El mito dice que Ra envió su ojo derecho a los confines del Universo, como un padre en busca de sus hijos perdidos. Mientras eso sucedía, a Ra le creció un ojo sustituto; que fue utilizado como arma por diferentes dioses, que se aprovecharon de su aparente debilidad. Uno de esos dioses, Sejmet, su propia hija con cabeza de león-gato, usó de su inmenso poder para castigar a los humanos que habían ignorado sus Instrucciones, Rituales y Leyes (habían roto el Pacto con el Creador). Pero Ra, movido por la Misericordia (alejándose de su naturaleza violenta y rigurosa), decidió impedir que matara a toda la Humanidad; y ordenó que toda la cerveza se tiñera de *rojo*, como si fuera *sangre*, al objeto de confundir a Sejmet, quien «*se deleitaba bebiendo sin freno la sangre humana*»; y en ese estado de ebriedad, confusión y ofuscación (*falta de visión*), volvió a transmutarse en la benévola y hermosa Hathor (la vaca que alimenta a los humanos con su leche; la diosa del Amor, la Belleza, la Alegría y la Música; la *Señora del Oeste*, la que acompaña al difunto hasta las estrellas).

El *verde* (extraído del cobre y de la malaquita) era el color de la vida, de la resurrección (por eso, la vela verde debe estar presente en el Templo de la Verdad-Justicia como expresión de la *Luz de la Sabiduría Perenne*), de la renovación, de la regeneración y de la vegetación (está asociado al amuleto *Shen*, que es la manifestación de la protección divina, de la eternidad y del infinito). Osiris, el dios de la resurrección, llevaba el título de *El Gran Verde* (Ptah también tenía la piel de color verde); y en el *Libro de los Muertos* se menciona que los muertos son convertidos en halcones «*cuyas alas son de piedra verde*», haciendo referencia a una nueva vida y renacimiento (que busca una *Reintegración* en la Divinidad). El ojo izquierdo u ojo de Horus representaba las habilidades y poderes mágicos de Tot, el dios de Sabiduría. Según la leyenda de Isis y Osiris, Horus quiso vengarse de Set, quien asesinó a su padre Osiris; pero en el transcurso de un combate singular, Set arrancó el ojo a Horus. Fue la diosa Hathor quien le curó el ojo; y por eso se creía que este ojo tenía poderes curativos y se consideró un «*símbolo del sacrificio*» (recordemos que Sejmet se transfiguró en Hathor tras su estado de confusión, de *falta de visión*). Anotar que Hathor significa «*La Casa de Horus*» (el color verde reside en el rojo). Dejo esta observación para que el lector la desentrañe...

Aquí hacemos una advertencia: el Candidato a la Iniciación entra en el Templo de la Verdad-Justicia con una venda sobre sus ojos físicos; lo que refiere directamente a «*Los-Dos-Ojos*»: el de Ra y el de Horus, el *solar-rojo* o derecho, el que ve en la *Luz material*, y el *lunar-verde* o izquierdo, el que ve en la *Oscuridad espiritual*.

Y lleva esa venda, que le priva de la visión, porque aún no es capaz de comprender su propia Conciencia (no tiene una personalidad formada y enriquecida con la fuerza del Corazón espiritual o *Ib*) ni puede experimentar el Mundo desde la perspectiva iniciática integral: nada puede ver, sólo puede oír y percibir un eco lejano (como las manifestaciones de *La Chose*) y la inquietante brisa de Amón (*Imen*) que sutilmente acaricia su Cuerpo cuando se desplaza a su alrededor (que es *invisible* a los ojos); dejándose llevar con total confianza hasta la Iluminación en su propio Grado, que se verificará en dirección al Oriente, hacia la Puerta entreabierta con cortinajes que comunica con el Mundo de los Espíritus Ancestrales y de los Dioses Primigenios, de donde procede toda la Luz Metafísica. Ambos ojos, el solar (el oro, rojo-blanco, el derecho, lo material, el de Ra) y el lunar (la plata, verde-negro, el izquierdo, lo espiritual, el de Horus), están *cegados*, cubiertos por el velo de Isis; es decir, el Candidato carece de la capacidad de comprender el Poder y la Justicia que surgen, con Fuerza (severidad y orden) y Misericordia (compasión y perdón), de la Divinidad (Creador Primigenio), y, en consecuencia, está fuera de la «*protección divina*», lejos del Círculo donde no cabe el Error, careciendo del concepto de Orden y ajeno a la idea metafísica que le proporciona la palabra «Resurrección», que, hasta el preciso momento de recibir la Luz, no tendrá ningún sentido para él. Nada de lo que trae al Templo desde el Mundo Profano le es útil para avanzar en el proceso de perfeccionamiento físico, mental y espiritual que deberá iniciar (aún sin percatarse de ello) en el momento justo de la «primera» caída de la venda (para aquellos lectores ya Iniciados o versados en estos temas ritualísticos, sabrán a lo que me refiero: existe una visión inicial y aterradora; que no es comprendida ni asimilada hasta la verdadera y definitiva caída de la venda, tras continuar con el preceptivo Ritual de Iniciación).

Los metales se convierten en un poderoso vínculo con lo atávico, con lo más primitivo del Ser, atormentando a la Mente con la idea de la Sombra, de la verdadera existencia no dirigida hacia un objetivo espiritual; sino hacia la desesperación del ser humano que aún no ha elegido su Camino, manifestación del Hombre del Torrente, como si se tratara de una creación «*menor*», alejada del Plan Divino.

Por ello, el Candidato debe abandonar sus pretensiones profanas, sus metales, y dejarse llevar en un mar de sensaciones que desconoce y que le conducirá hacia la visión de esa Luz que no es física, pero que alumbra lo más profundo de su Corazón, de su Mente y de su Cuerpo.

3. Una Luz verdadera

El místico renano Johannes Eckhart von Hochheim (c. 1260-c. 1328) alude a esa experiencia con palabras que dejan entrever la trascendencia de aquella y la singularidad del fin buscado: «El ojo con el que veo a Dios, es el mismo ojo con el que Dios me ve a mí; mi ojo y el ojo de Dios es un solo ojo, una sola visión, un solo conocer, un solo amor».

La tradición egipcia ya entendió este paradigma, cuando representó «*Los-Dos-Ojos*»: el ojo de Horus es la manifestación del ojo humano (durante el Ritual de Iniciación, se asocia con el ojo del Candidato, al contrario de lo que pudiera suponerse; aunque en la Masonería siempre hay que tener presente el *juego especular*, donde todo parece una cosa, pero, en realidad, es todo lo contrario) y el ojo de Ra simboliza el flujo de Energía espiritual que transfiere el Disco Solar: «Si el ojo no fuera como el Sol [(de naturaleza solar, como Ra)], ¿cómo percibiríamos la Luz?» (Johann Wolfgang von Goethe, pero la cita puede deberse al Maestro Eckhart o, tal vez, a los neoplatónicos).

Por este motivo, sólo «la visión conjunta y armonizada con ambos ojos» nos permitirá alcanzar un cierto grado de Conciencia y de visión universal de la propia Naturaleza (imprescindible para afrontar la espiritualización o perfeccionamiento integral del ser humano que ha nacido en el Mundo Profano, dominado por las Tinieblas y la Ignorancia, pero que intenta trascender lo físico o material; que es todo lo que está dominado por la confusión, la transitoriedad, lo aparente, lo efímero, lo imperfecto, lo incompleto, lo vulgar y lo sensorial), para interactuar libremente con lo metafísico (aquello que está más allá de lo físico o empírico); y sublimar o trascender lo material-temporal y la misma causalidad (causa-efecto), a modo de alquimia espiritual (excepcionalmente, la tradición japonesa, con su *Wabi-Sabi*, es capaz de apreciar la Belleza en lo imperfecto, en lo incompleto y en lo efímero), aun sabiendo que para alcanzar el muy lejano y exigente *Cuerpo de Gloria* le serán exigibles algunas condiciones *místicas* y de *renuncia* que quizás nunca pueda cumplir o manifestar en su plenitud (lo que implicará su separación del Egregor de la Obediencia y su regreso al Mundo Profano): «Si tienes miedo, no lo hagas; si lo estás haciendo, no tengas miedo» (esta es la consigna que todo Candidato debe plantearse antes de tomar una decisión que no podrá eliminar de su Mente mientras camine entre mortales).

Bajo esta visión, podemos citar a Plotino, el alumno aventajado de Amonio Saccas (Alejandría, siglo III d. C.): «Ningún ojo jamás vio el Sol sin volverse solar, ni puede un Alma ver la Belleza sin volverse bella. Primero, debes parecerte a lo divino y hacerte todo bello; si quieres ver a Dios y a la Belleza» (Plotino, *Enéadas*, 1:6:9; texto recopilado por su discípulo Porfirio). Esta es, por tanto, la misteriosa labor del Iniciado: «primero, debes parecerte a lo divino y hacerte todo bello» (alrededor de la tercera columnilla del Templo, la Belleza).

El trabajo que se insinúa con la caída de la venda o velo de Isis, de la Madre de los Hijos de la Luz, y la consiguiente visión armonizada con ambos ojos (el de Ra y el de Horus, el solar y el lunar), parece fácil y asequible; pero pronto se convierte en una labor titánica: de repente, se abren un sinfín de posibilidades inabarcables, de caminos peligrosos, de retos inciertos, de símbolos misteriosos que deben ser correctamente interpretados y reconducidos hacia el objetivo espiritual que exige la Masonería en cualquiera de sus Ritos y Regímenes; lo que conlleva un complejo panorama iniciático «repleto de incertidumbres y de decepciones», que pueden conducir a la auto exclusión de la Senda de la Iluminación.

La tan anhelada visión de la Luz espiritual que procede de Oriente se convierte en una dolorosa y pesada carga, en un lastre de consecuencias terribles para el recién Iniciado; quien aspira a una rápida asimilación de todo lo que se le muestra en el Templo de la Verdad-Justicia y del complejo conocimiento simbólico que debe asimilar e interiorizar desde lo más profundo de su Ser: debe discernir por sí mismo que lo simbólico es un lenguaje espiritual, único en su percepción, que trasciende lo manifiesto y que, por tanto, su encaje en la propia concepción de la Creación está muy por encima de lo que puede adquirirse mediante la Ciencia, la Fe y la Filosofía. Posiblemente, ya nada volverá al estado primigenio que es propio del Hombre del Torrente, de aquel que se da de manera natural (es decir, lineal, simple y consciente) en el Mundo Profano o en la mismísima sala de los Pasos Perdidos, justo antes de acceder al Templo y previo al instante de la toma de decisión más importante en la vida de quien decide cambiar su propio destino, del Hombre de Deseo que aspira al conocimiento de la *Verdad* (el Hombre del Torrente sólo busca la *Utilidad*). En verdad, todo lo que el Iniciado deja atrás, todo lo que pierde andando con humildad por la Senda de la Iluminación, crea espacio en su interior, en lo más hondo de su Ser, para contener todo aquello que necesita para acercarse a la Verdad sin ser devorado por sus miedos ni por sus dudas.

La Luz Masónica que recibe el nuevo Iniciado, la Iluminación metafísica que emana de Oriente por intercesión directa del Venerable Maestro (del Sacerdote) y que hiere sus ojos después de retirar la venda, es la única que le permite discernir con suficiente claridad lo útil (profano) de lo verdadero (espiritual); siendo, pues, necesario que todos los Hermanos y Hermanas que le acogen en el Templo se esfuercen (sin dudas ni reproches) para que esa Luz nunca decaiga ni merme en intensidad. Esa Luz misteriosa, ese Fuego espiritual que sólo quema las entrañas y que nada hace sin perseverar, es la argamasa que une a todos bajo la protección del Egregor; y cualquier desequilibrio, por insignificante que parezca, hace que todo tiemble (con un sonido *discordante*, áspero y desagradable al oído) y *pueda* hacer caer la Piedra Maestra que fija toda la estructura del Templo al centro del Universo, al *Omphalós*, a la Piedra sagrada dejada por Zeus (*Deus*, Dios) en el Templo de Apolo, en Delfos, donde es posible la conexión de lo humano con lo divino y donde resplandece la Verdad-Justicia, en un Lugar muy puro, muy santo y muy iluminado por la Luz de Egipto, a la sombra de la Palmera, donde reinan la Paz, la Alegría y la Armonía. Esa Piedra Maestra o Piedra Angular donde se posaba la Luz, también reconocida en Egipto con el piramidión (*pyramidion*) que coronaba las pirámides y los obeliscos, es el símbolo de la montaña primordial (*Ben-Ben*, el Radiante) que surgió del Nun; es la primera sustancia abstracta o *hyle*, la materia prima o primer elemento caótico que contenía el potencial de la vida en cualquier forma o *morphé*, cuyo Ba o Espíritu es el propio disco Solar (Ra); es decir, es la manifestación del Huevo Alado o *Knef*, de la Inteligencia Universal o *Deus*, del «*Dios que geometriza*» o del Sublime Arquitecto del Universo (nota: en el Rito Egipcio, en cualquiera de sus variantes, se utiliza la palabra *Sublime* y no *Grande*).

4. Perseverar en la búsqueda de la Luz

Recordemos: el Neófito golpea la Puerta provocando un sonido *discordante*, molesto al oído y caótico en su ritmo; para, después, dirigirse *a ciegas* hacia la Luz inefable (que le espera, aún sin saberlo), guiado por Hermes-Tot, con la única pretensión (sin que aún se percate de ello) de que su Mente, todavía dominada por lo profano, interiorice la secreta fórmula de la Gnosis, siendo purificado por los Elementos y resintonizado por las Herramientas de su Grado, al tiempo que recorrerá en bucle, como un planeta alrededor del Sol, la Senda de la Iluminación, el Camino de la Belleza Ideal, hasta que la intensidad y brillo de la Luz que emana de la Estrella Flamígera (impregnada de la fortaleza metafísica de la letra «G» -esta letra, aparte de las ya conocidas referencias simbólicas, sólo accesibles al Iniciado, remite a la nota musical «G» en el sistema anglosajón, situada en el séptimo lugar de esa escala, al Sol en el cifrado latino; que, además, puede vincularse con la séptima letra del alefato hebreo, la *Zayin*, la «Z», inicial de la palabra *Zera*, Semilla, en referencia al grado de Maestro Secreto o Maestro Discreto, en cuyo mandil aparecen tanto la letra «Z» como el misterioso «*Ojo-que-Todo-lo-Ve*», ojo de Horus u ojo izquierdo, que controla la *Llave* o Clave de la Magia y que manifiesta el *Sacrificio-*), se haga tan irresistible a los Poderes convocados que todo se precipite por el deseo fraternal de los presentes; siendo «Creado, Recibido y Constituido» como una nueva Piedra que adornará la Pirámide del Rito; al tiempo que recibirá la «purificación» (*kátharsis*) y será revestido con la Luz verdadera (trascendente)... En ese momento, una frase azuzará su Mente sin compasión: «Dad, y se os dará». Todo está consumado.

«Potencias Invisibles de la Luz Divina que derramáis la Fuerza y la Energía necesarias sobre los que trabajan en el Templo de la Sabiduría, de la Verdad y de la Justicia, sobre nosotros, los Hijos de la Luz, os damos fiel testimonio por habernos ayudado en esta Gran Obra, que ha sido realizada con Armonía, Belleza y Caridad; con Fuerza, Poder y Orden». Por ello, los Masones de Egipto venimos a este Templo que se alza en la tierra de Menfis a erigir Altares a la Virtud y a cavar Tumbas para los Vicios; pero, según una antigua costumbre que nos identifica como Masones de Egipto, también debemos traer la Luz. Por ello, encendemos los tres Candelabros rituales (Sabiduría, Fuerza y Belleza) y nos ayudamos de las tres Joyas de la Logia (Compás, Escuadra y Regla), que situamos sobre el Altar triangular, símbolo del Omphalós, para que los Trabajos sean Justos y Perfectos, anunciando el triunfo de la Luz sobre las Tinieblas, del día sobre la noche.

5. La Luz en el Rito Egipcio y su relación con el Corazón

Los antiguos egipcios emplearon dos palabras diferentes para designar al Corazón: *Ib* y *Hati*. Con el término *Ib* se solían referir al Corazón como «*Órgano Metafísico*» que originaba todos los sentimientos de índole superior; siendo, por tal motivo, la sede del Pensamiento, de la Memoria, de la Inteligencia, de la Conciencia, de la Imaginación, del Valor, de la Fuerza Vital y del Deseo. Es allí donde vivía «*el Saber que ve*», la Intuición; y llegaba al ser humano desde la Madre Celeste. Por ello, en el *Libro de la Salida al Día* (*Libro de los Muertos*) está escrito: «Que el Corazón Ib no sea arrebatado»; pues el Ib es «el Cáliz Místico donde se vierte la Llama Divina» (se trata de la letra *Shin*, la número 21 del alefato hebreo, de valor 300; que se sitúa entre la *Iod-Heh*, el ojo de Ra, y la *Vav-Heh*, el ojo de Horus, que configuran el Tetragrama). Es decir, salvando las distancias simbólicas, el *Ib* era el equivalente del *Grial* o *Graal* medieval. En verdad, ilumine o no, el *Ib* «nunca puede perder su pureza» (aquí, la Masonería se ha basado en la idea de lo puro, según la tradición griega; por la que nadie puede acceder al Templo de la Sabiduría, donde se manifiestan la Verdad y la Justica, si no demuestra su *pureza* y el haber sido «lavado» de toda mancha). Se dice que el *Ib* es arrebatado cuando esa Luz espiritual, de esencia metafísica e invisible a los ojos humanos (físicos), se retira del Corazón; al no ofrecer «*condiciones*» para poder vivir en él. Esta es la Vasija roja en forma de Corazón, la sede de la Conciencia, que debe ser pesada en el Juicio de Osiris (en los libros de encantamientos y magia funeraria se dejaba muy clara la intención de «no morir una segunda vez en el Inframundo», es decir, de «no volver a perder la Luz espiritual»; lo que tiene una innegable correspondencia simbólica con el Ritual de Exaltación).

Según los Iniciados egipcios, el Corazón (*Ib*) es el «asiento de la Conciencia moral»; o sea, «el Trono donde mora el Dios Interno del Hombre». Como toda la Sangre es impulsada por el Corazón físico (*Hati*), y a él vuelve, toda Vida deja su huella imborrable en el Corazón (*Ib*). Los egipcios lo representaron por una Vasija roja donde se hallaba la «*Esencia de las experiencias vividas*» (es la Vasija o Tarro de las Esencias de María Magdalena). Recordemos a Sócrates: «*la Vida no examinada no vale la pena vivirla*». En el *Hati*, que es el Corazón físico o Castillo, reside el *Ka* o «*Doble*», la Fuerza Vital que anima al *Ib* o Impulso Cordial. En el Corazón reside el *Poder Mágico*, porque «*si Ib es el asiento del Alma; Hati es su brazo, su Poder*»: es la manifestación del Ver (*Ib*) y del Oír (*Hati*) en el Callar (que experimenta cualquier Aprendiz). Dañan el Corazón (*Ib*) sólo las acciones que el Cielo abomina (las que no están en línea con las enseñanzas de la Masonería). «*¡Qué no se ejerza violencia sobre mí*!», rezan los textos egipcios. Porque el verdadero dolor es el que daña el Corazón; y que afecta al Amor, a la esencia de todo ser humano: la empatía, la capacidad de identificarse con el Otro y de compartir sus sentimientos y emociones, por medio de la compasión, la bondad, la honestidad, la humildad, la buena fe, la sinceridad, la sensibilidad, la confianza y la disposición verdadera a ayudar; lo que implica, necesariamente, entender la visión del Otro con respecto a cualquier tema, sin necesidad de estar de acuerdo con él: «*Él conoce nuestra Condición; se acuerda de que somos Polvo*» (Salmo 103:14); y, con ello, somos capaces de entender el significado de la Piedra Cúbica (*la dorada*) y conocer la Palabra Perdida (*la impronunciable*).

Esta concepción psicológica, que debe ordenar, estructurar y dirigir toda relación y creación humanas, se ve perfectamente integrada en el verdadero ideal masónico de cualquiera de sus Ritos y Regímenes: «Sed todos de un mismo sentir, compasivos, amándoos fraternalmente, misericordiosos, amigables» (1 Pedro 3:8). Por consiguiente, los demás traumas psicológicos y dolores físicos que pudieran plantearse, carecen de importancia y «no dañan al Dios Interno del Hombre» (es la esencia mística que se atesora en el interior y que hace posible un *retorno* o *reintegración* en la Divinidad). El Corazón, como representación conjunta de «Los-Dos-Ojos» (el de Ra y el de Horus), es «el Testigo de la Luz de los Dioses» (no cabe otra lectura simbólica); pues «Yo puse tu Corazón en el interior del Cuerpo para ti, para que tú puedas recordar lo que has olvidado» (Textos de los Sarcófagos).

Conviene advertir la relación simbólica del *Ib* en tres palabras clave del Hermetismo egipcio: *Beten-Ib*, «*insolente*» o «de Corazón desafiante», manifestación del ser humano que rechaza su *tendencia natural* hacia la Luz; *Hehi-en*-Ib, que se traduce como «ingenioso» o «de Corazón que busca», siendo el equivalente directo del concepto martinista de Hombre de Deseo; y Jak-Ib, que significa «enajenado» o «carente de Corazón», que apunta al Hombre del Torrente, al hombre elemental y natural que es considerado un «*menor*» de la Creación (*cf.* Mark Collier y Bill Manley, *Introducción a los jeroglíficos egipcios*; Alianza Editorial, 2001).

Llegados hasta aquí, concluyo con tres citas encadenadas; que nos dejan un paradigma muy contundente, incitándonos a buscar más allá de lo escrito. Porque de eso se trata: «de abrir la Mente y de reconocer nuestras limitaciones», aunque tengamos el apoyo incondicional de la Masonería Universal y el benéfico impulso del Egregor de la Obediencia.

«Existía la Luz verdadera [(la Palabra Misteriosa)] que, al venir al Mundo, alumbró a todo hombre» (Juan 1:9); «pero si tu ojo [(se refiere al ojo espiritual)] está enfermo, todo tu Cuerpo estará lleno de Oscuridad. Así que, si la Luz que hay en ti es Oscuridad, ¡cuán grande será la Oscuridad!» (Mateo 6:23). En verdad, en verdad os digo que: «Yo, la Luz, he venido al Mundo, para que todo el que cree en mí no permanezca en Tinieblas» (Juan 12:46).

Estimado lector, aquí no hay más que decir; sólo cabe su reflexión (*que es lo más importante*). ⚜

Josep-Lluís Domènech Gómez, funcionario emérito del Excmo. Ayuntamiento de Barcelona; ha sido Venerable Maestro de la R. L. Montjuic, Gran Canciller y Gran Maestro Adjunto del Gran Orient de Catalunya. Es Gran Maestro Adjunto para Exteriores, de la Gran Logia Simbólica de España (GLSE). Es miembro de la R.L. Ciencia i Llibertat y del Supremo Consejo Masónico de España (SCME) del que es grado 33° y presidente del Capítulo Rosacruz Salud, Fuerza y Unión. Fue iniciado en el Rito Egipcio en la Grande Loge Française de Memphis-Misraîm, en Perpignan (Francia). Es autor de los conocidos ensayos de la serie de los Altos Grados del Rito Escocés Antiguo y Aceptado: *Logia de Perfección, Capítulo Rosacruz, Príncipe del Tabernáculo, Príncipe Kadosh* y *Consistorio*, además de otros ensayos masónicos como *El Venerable Maestro* (en español y en catalán) y *El silencio masónico, Los Oficios de la logia, Manual de procedimientos operativos de logia* y *Las planchas masónicas*. Es también autor-compilador de los *Rituales Altos Grados del Rito Escocés Antiguo y Aceptado (Grados 4°-33°)*, obra de enorme difusión en todo el mundo de habla española.

EL INSTANTE DE LA LUZ

EL NACIMIENTO DEL INICIADO EN EL REAA

Josep-Lluís Domènech Gómez

Sentido Masónico, Simbolismo y Proyección Iniciática

El Instante Sublime de la Iluminación Iniciática

En el grandioso universo simbólico de la masonería del Rito Escocés Antiguo y Aceptado, pocos momentos revisten una densidad metafísica tan profunda, una carga alegórica tan poderosa, como aquel instante en el cual se confiere la «Luz al recipiendario» durante la magna ceremonia de la Iniciación. Ese punto de inflexión, ese umbral místico entre dos estados del ser constituye el eje cardinal sobre el cual gira toda la arquitectura espiritual del proceso iniciático:

> Se trata de la cesura entre la existencia profana, sumida en las tinieblas de la ignorancia, y el nacimiento radiante a la vida masónica, iluminada por las antorchas perennes de la Verdad y la Sabiduría.

El acto de dar la luz trasciende ampliamente la mera dimensión ritual; emerge como epifanía ontológica, como transmutación alquímica del ser, como revelación súbita de realidades que permanecían veladas ante los ojos del profano. En este sublime momento, el candidato atraviesa el velo que separa lo visible de lo invisible, lo material de lo espiritual, lo contingente de lo eterno. La luz que recibe no es meramente física, sino eminentemente simbólica: representa el inicio del largo y sinuoso camino hacia conocimiento iniciático, la gnosis masónica, el despertar de la conciencia a dimensiones superiores de comprensión y de existencia.

Este fenómeno ritual hunde sus raíces en la más venerable tradición esotérica occidental. Desde los antiguos misterios de Eleusis hasta las escuelas herméticas de Alejandría, desde las cofradías constructoras medievales hasta los altos grados del esoterismo moderno, la luz ha constituido el símbolo por excelencia de la iluminación espiritual, del acceso a verdades ocultas, de la participación en una realidad trascendente.

El REAA, heredero y custodio de esta tradición milenaria, ha sabido preservar y actualizar este simbolismo cardinal, dotándolo de una profundidad erudita y de una eficacia iniciática que continúan interpelando al hombre contemporáneo en su búsqueda perenne de sentido y de elevación.

La oscuridad como condición previa: El descenso necesario

La dialéctica luz-oscuridad constituye el núcleo dinámico del proceso iniciático en el REAA. Mas no se trata de una oposición maniquea entre bien y mal, sino de una polaridad complementaria, de una tensión fecunda entre dos estados del ser que se requieren mutuamente para existir y para significar. La oscuridad no es aquí meramente ausencia de luz, defecto o privación; representa más bien una condición ontológica específica, un estado del alma que precede necesariamente a la iluminación, así como la noche precede al amanecer y la muerte precede al renacimiento.

En el simbolismo del REAA, la oscuridad reviste múltiples significaciones que se entrelazan y se refuerzan mutuamente. Representa primordialmente la vida profana, aquella existencia ordinaria transcurrida fuera del recinto sagrado de la Logia, sumida en las preocupaciones mundanas, en los afanes materiales, en las pasiones desordenadas. El hombre profano vive en las tinieblas no porque sea malvado o perverso, sino porque permanece ajeno a las verdades esenciales, porque sus ojos no han sido abiertos aún a las realidades superiores. Su existencia, por respetable que sea en el plano ético común, carece de la dimensión trascendente, del horizonte espiritual que confiere sentido último a la aventura humana.

Más profundamente aún, la oscuridad simboliza la inconsciencia interior, aquella parte de nosotros mismos que permanece en sombras, inexplorada, desconocida. El candidato que se presenta ante las puertas del Templo no solamente ignora los misterios de la Orden; se ignora fundamentalmente a sí mismo, desconoce las potencialidades dormidas en las profundidades de su ser, las fuerzas obscuras que agitan su alma, los móviles ocultos que orientan sus actos. La iniciación masónica, al otorgar la luz, inaugurará precisamente ese viaje hacia el autoconocimiento, ese descenso a las profundidades del yo que tanto exigían los antiguos misterios helénicos.

La oscuridad representa también, en una tercera acepción, la falta de armonía entre conocimiento, ética y acción. El hombre profano puede poseer ciertos saberes, puede incluso distinguir el bien del mal en abstracto; pero esta lucidez teórica no se traduce en una transformación efectiva de su existencia, no informa su conducta cotidiana, no transmuta su ser. Existe en él una disociación, una fragmentación entre lo que sabe, lo que quiere y lo que hace. La luz masónica vendrá precisamente a restaurar esta unidad perdida, a establecer la coherencia entre pensamiento, voluntad y acción, a realizar en acto lo que permanecía en potencia.

En el REAA, esta oscuridad primordial se manifiesta ritualmente en dos momentos fundamentales: la Cámara de Reflexión y la venda iniciática. La Cámara de Reflexión, ese recinto austero y sombrío donde el candidato es conducido antes de la ceremonia, constituye una representación material de las tinieblas interiores. Allí, en la soledad y el silencio, rodeado de símbolos que evocan la muerte y la putrefacción, el recipiendario inicia su descenso a los infiernos del yo, su confrontación con la finitud y la mortalidad. La inscripción venerable que preside esta cámara –V.I.T.R.I.O.L., *Visita Interiora Terrae Rectificando Invenies Occultum Lapidem* –indica claramente la naturaleza de este trabajo: se trata de descender a las profundidades de la tierra interior, de visitar las regiones obscuras del alma, para allí encontrar, mediante la rectificación, la piedra oculta, la joya espiritual que yace sepultada bajo las escorias de la existencia ordinaria.

La venda iniciática, ese paño que cubre los ojos del candidato durante la mayor parte de la ceremonia, prolonga y profundiza esta experiencia de la oscuridad. Privado de la visión exterior, el recipiendario se ve obligado a replegarse sobre sí mismo, a desarrollar una percepción diferente, interior y sutil. Esta ceguera temporal posee un valor pedagógico profundo: enseña al candidato que la verdadera visión no es cuestión de ojos corporales sino de comprensión espiritual, que la luz que busca no es física sino metafísica. La venda representa también el estado de ignorancia en el que todo ser humano se encuentra antes de la iniciación, esa ceguera constitutiva que nos impide contemplar las realidades superiores mientras permanecemos prisioneros de los sentidos y de las apariencias.

Así pues, la oscuridad no es en el REAA un mal a combatir simplemente, sino una condición necesaria del proceso iniciático, un momento dialéctico indispensable. Sin la experiencia de las tinieblas, la luz carecería de sentido y de poder transformador. Es precisamente porque ha conocido la oscuridad, porque ha descendido a sus abismos, que el iniciado podrá apreciar en su justa medida el don inestimable de la luz. La iniciación masónica no promete abolir las tinieblas del mundo, sino enseñar al hombre a transformar su relación con ellas, a extraer de la oscuridad misma las semillas de luz que contiene latentes, según la admirable fórmula hermética: «Solve et coagula, et habebis magisterium».

El acto ritual de dar la luz

El momento culminante de la ceremonia de iniciación llega cuando, tras haber atravesado las pruebas simbólicas de los cuatro elementos y prestado los juramentos solemnes, el recipiendario se enfrenta a sí mismo. Es entonces, cuando el Venerable Maestro ordena que le sea retirada la venda. Los ojos del neófito, habituados a la oscuridad prolongada, se abren sobre un espectáculo de esplendor y de misterio: el Templo resplandeciente de luces, con los Hermanos dispuestos en orden ritual. Este momento constituye el corazón mismo del rito, el punto focal hacia el cual converge todo el ceremonial precedente y del cual emanará toda la existencia masónica futura del iniciado.

El acto de dar la luz trasciende infinitamente su apariencia física. No se trata meramente de retirar un vendaje, de encender candelabros, de iluminar un recinto. Se trata de una operación espiritual de primerísima magnitud, de una transmutación ontológica que afecta las estructuras más profundas del ser. En este instante el candidato deja de ser lo que era para devenir aquello que debe ser; abandona su condición profana para asumir su naturaleza iniciática; muere simbólicamente a su antigua existencia para renacer a una vida nueva, elevada, transfigurada. La luz que recibe no ilumina solamente sus ojos corporales; ilumina primordialmente su inteligencia, su voluntad, su conciencia entera.

Dar y recibir la luz simboliza el despertar interior del recipiendario. Antes de la iniciación, el candidato permanecía sumido en una especie de sueño espiritual, vegetando en una semi-consciencia que lo mantenía prisionero de las apariencias y de las ilusiones. La luz iniciática opera como una sacudida metafísica que arranca bruscamente al neófito de su letargo, que lo despierta a realidades que ignoraba o que apenas entreveía confusamente. Este despertar se compara frecuentemente, en la literatura iniciática, a la experiencia de salir de una caverna oscura hacia la luz del sol, metáfora platónica por excelencia que el REAA ha integrado en su simbolismo cardinal. El iniciado es aquel que ha despertado, que ha abierto los ojos del alma, que puede ahora contemplar las ideas eternas que los sentidos ordinarios son impotentes para percibir.

El acto de dar la luz significa una transformación profunda e irreversible del ser del iniciado. No se trata de añadir simplemente nuevos conocimientos a un sujeto que permanecería esencialmente idéntico a sí mismo. Se trata de una metamorfosis radical, de una regeneración completa. El recipiendario que entra vendado al Templo y el Aprendiz que sale iluminado de él no son, en rigor metafísico, la misma persona. Algo fundamental ha cambiado en las estructuras íntimas de su existencia. Ha nacido a una nueva dimensión del ser, ha accedido a un nivel superior de realidad. Esta transformación iniciática se inscribe de manera indeleble en el alma del neófito; constituye una marca ontológica que lo acompañará durante toda su existencia y más allá de ella, según enseña la doctrina tradicional.

El simbolismo de la Luz en el REAA: Multiplicidad y unidad

El simbolismo de la luz en el Rito Escocés Antiguo y Aceptado reviste una riqueza polivalente que invita a exploraciones sucesivas y siempre renovadas. Lejos de constituir un símbolo unívoco, de significación unidimensional, la luz masónica se despliega en múltiples facetas que refractan, cada una a su manera, el esplendor de caminar y poder llegar a la Verdad. Como el diamante que lanza mil fulgores bajo los rayos del sol sin dejar por ello de ser una sola piedra preciosa, así la luz iniciática brilla con innumerables matices sin perder jamás su identidad fundamental.

En su acepción más inmediata y accesible, la luz representa el conocimiento. Esta ecuación simbólica –luz igual a saber– hunde sus raíces en las estructuras antropológicas más profundas de la psique humana. Desde los albores de la humanidad, el hombre ha asociado espontáneamente la claridad luminosa con la comprensión intelectual, las tinieblas con la ignorancia.

Hablamos cotidianamente de «esclarecer» un problema, de «iluminar» una cuestión, de «arrojar luz» sobre un asunto oscuro. El lenguaje mismo testimonia esta homología fundamental entre luz física y luz noética. Pero en el contexto iniciático del REAA, este conocimiento iluminador no designa la simple erudición profana, la acumulación de informaciones dispares, la cultura libresca. Designa un saber viviente, operativo, transformador; un conocimiento que afecta y modifica al sujeto cognoscente; una gnosis que es simultáneamente ciencia y conciencia, inteligencia y realización.

La luz simboliza también, en una segunda dimensión, la verdad. Mas no se trata aquí de la verdad meramente lógica, de la correspondencia abstracta entre proposiciones y hechos. Se trata de la Verdad con mayúscula, de aquella Realidad última que sustenta y trasciende todas las verdades particulares, de lo que los filósofos han denominado el Ser, lo Absoluto, el Principio Supremo. La luz masónica conduce al iniciado más allá de las verdades fragmentarias y contingentes hacia esa Verdad fundamental que confiere sentido y coherencia al universo entero. En este sentido, la búsqueda de la luz emprendida por el masón escocés participa de aquella «búsqueda de lo absoluto» que constituye, según los grandes metafísicos, la vocación más elevada del espíritu humano. La esencia de la luz representa la presencia de lo sagrado. El Templo masónico, cuando está «a cubierto» y los trabajos se desarrollan «en plena luz», deviene un espacio hierofánico, un lugar donde lo divino se manifiesta, donde lo trascendente irrumpe en lo inmanente. Esta luz ritual, cuidadosamente encendida según protocolos precisos al inicio de cada tenida, no sirve únicamente para iluminar materialmente el recinto; tiene por función primordial crear y mantener la atmósfera espiritual que permite el trabajo iniciático. Es una luz teofánica, reveladora de la presencia del Gran Arquitecto del Universo. Y es que los masones no trabajamos en la luz como trabajaríamos en cualquier lugar iluminado; trabajamos en una luz especial, consagrada, cargada de potencia espiritual, que transforma el Templo en Axis Mundi, en centro del mundo, en punto de comunicación entre el cielo y la tierra.

La presencia de la luz simboliza el equilibrio entre razón y espiritualidad. El REAA, heredero de la Ilustración, pero también de la tradición esotérica más virtuosa, se ha esforzado siempre por mantener en equilibrio estas dos dimensiones de la experiencia humana que otros sistemas han tendido a disociar o a oponer. La luz masónica no es ni la claridad fría de la razón abstracta, ni el fulgor ciego del misticismo irracional. Es una luz que ilumina simultáneamente el entendimiento y el corazón, que satisface las exigencias del pensamiento crítico sin ahogar las aspiraciones del alma, que concilia ciencia y conciencia, conocimiento y sabiduría. El masón del REAA aprende y es llevado a caminar por el estrecho sendero que evita tanto el escollo del racionalismo árido como el del fideísmo obscurantista, manteniendo siempre su inteligencia abierta y su espíritu vigilante.

Finalmente, la luz constituye el centro doctrinal mismo del REAA. Todo el sistema de grados, desde el Aprendiz hasta el grado 33°, puede interpretarse como una progresiva intensificación de la luz, como un avance gradual desde las primeras claridades del alba hasta el esplendor meridiano del sol en su cénit. Poco a poco, paso a paso, cada grado confiere una nueva porción de luz, revela verdades más profundas, introduce al iniciado en misterios más elevados. El viaje masónico es esencialmente una marcha hacia la luz, un éxodo que conduce desde las tinieblas de Egipto hasta la Tierra Prometida resplandeciente de claridad divina.

Luz simbólica y Luz ritual: Distinción y complementariedad

La reflexión sobre la luz en el REAA exige distinguir cuidadosamente, aunque sin separarlas jamás completamente, entre la luz simbólica y la luz ritual. Esta distinción, de importancia capital para una comprensión adecuada de la doctrina masónica, permite evitar tanto el error del literalismo grosero como el del alegorismo vaporoso. La luz simbólica designa la realidad espiritual significada; la luz ritual, el medio sensible significante. Aquella pertenece al orden de lo invisible; ésta, al orden de lo visible. Pero entre ambas existe una relación que trasciende la simple convención arbitraria o la mera analogía exterior: una relación de participación real, de comunicación efectiva, de eficacia operativa.

La luz simbólica representa la meta espiritual última de la búsqueda masónica. Es aquella Iluminación con mayúscula hacia la cual tiende todo el trabajo iniciático, aquella Comprensión suprema que constituye el término de la Gran Obra. Esta luz no es de este mundo, no puede ser percibida por los sentidos corporales, no se deja capturar por conceptos abstractos. Trasciende todas las categorías del entendimiento ordinario, supera toda formulación discursiva, escapa a toda tentativa de objetivación. Los místicos de todas las tradiciones han intentado describirla mediante aproximaciones paradójicas, recurriendo a oxímoros como «tinieblas luminosas», «rayo de oscuridad», «luz increada». La luz simbólica masónica escocesa participa de esta misma inefabilidad fundamental. El masón que la ha contemplado–aunque sea fugazmente, aunque sea imperfectamente–sabe que ninguna palabra podrá jamás traducir adecuadamente la plenitud de esa experiencia. Y sin embargo, paradójicamente, todo el lenguaje ritual, toda la enseñanza tradicional, todo el simbolismo masónico, no tienen otra función que preparar, facilitar, provocar ese encuentro inefable con la Luz absoluta.

La luz ritual, por su parte, constituye el vehículo físico mediante el cual la luz simbólica se hace presente y operativa en el Templo. Son las llamas de las velas que arden sobre las tres columnetas, los candelabros que iluminan el Oriente, el Occidente y el Mediodía, la luz eterna que brilla ante el Delta luminoso.

La relación entre luz simbólica y luz ritual puede esclarecerse mediante una analogía tomada de la filosofía aristotélica: la relación entre forma y materia, entre alma y cuerpo. Así como el alma no puede manifestarse en este mundo sin un cuerpo que le sirva de instrumento, así la luz simbólica requiere la mediación de la luz ritual para hacerse presente en el Templo. Recíprocamente, así como el cuerpo sin alma no es más que un cadáver, la luz ritual sin referencia a la luz simbólica degenera en simple iluminación profana, carente de significación iniciática. La grandeza del ritual masónico consiste precisamente en mantener viva esta tensión fecunda entre el símbolo y su vehículo sensible, en impedir tanto la reducción materialista que no vería en las luces del Templo más que llamas ordinarias, como la evaporación idealista que consideraría la luz física como un detalle secundario o superfluo.

El trabajo iniciático consiste precisamente en aprender a leer lo invisible en lo visible, a contemplar la luz simbólica a través de la luz ritual. El Aprendiz, al inicio de su carrera masónica, percibe principalmente la dimensión material del ritual: las llamas que bailan sobre las velas, los reflejos que juegan sobre los objetos rituales, la penumbra que reina en ciertos rincones del Templo. Pero a medida que progresa en el camino iniciático, a medida que su percepción se afina y su comprensión se profundiza, aprende a discernir, más allá de estas apariencias sensibles, la realidad espiritual que expresan y actualizan. Las llamas materiales devienen entonces verdaderamente transparentes a la Luz increada, verdaderos símbolos en el sentido fuerte del término: no signos arbitrarios que remiten convencionalmente a otra cosa, sino participaciones reales, epifanías efectivas de lo sagrado.

Esta complementariedad entre luz simbólica y luz ritual se manifiesta de manera particularmente evidente en el momento de dar la luz al recipiendario. Cuando la venda cae y el neófito contempla por vez primera el Templo iluminado, experimenta simultáneamente un deslumbramiento físico y una iluminación espiritual. Sus ojos corporales, habituados a la oscuridad prolongada, son heridos por el resplandor súbito de las llamas; pero al mismo tiempo, y de manera aún más profunda, aunque menos perceptible exteriormente, su inteligencia espiritual es tocada por la gracia de la comprensión iniciática. Por eso el ritual del REAA cuida con tanto esmero todos los detalles de la iluminación del Templo, prescribiendo con precisión el número, la disposición, el color y el momento del encendido de las luces. Nada es dejado al azar, todo obedece a una lógica simbólica rigurosa, porque se sabe que la eficacia espiritual del rito depende en parte de la perfección de su ejecución material.

El licopodio como elemento iniciático: La llamarada fulminante

Entre los elementos materiales que componen el rico arsenal simbólico del REAA, el licopodio ocupa un lugar singular, casi paradójico. Este polvo vegetal, extraído de las esporas de una planta modesta, posee la propiedad notable de ser extremadamente inflamable: proyectado sobre una llama, produce instantáneamente una llamarada brillante, efímera, espectacular. Precisamente esta característica excepcional explica su introducción en el ritual masónico, particularmente en el momento crucial de dar la luz al recipiendario. La llamarada de licopodio viene a materializar, de manera súbita y dramática, el instante de la iluminación iniciática, confiriendo al rito una dimensión sensorial que refuerza poderosamente su impacto psicológico y espiritual.

EL INSTANTE DE LA LUZ
EL NACIMIENTO DEL INICIADO EN EL REAA

El simbolismo del licopodio se articula alrededor de tres características principales: la súbita aparición de la luz, su intensidad excepcional y su brevedad extrema. Cada una de estas propiedades físicas posee una significación iniciática profunda. La aparición súbita de la llamarada simboliza el carácter instantáneo, fulgurante, de la iluminación verdadera. Contrariamente a lo que podría sugerir cierta pedagogía gradualista, la comprensión iniciática no se adquiere mediante una acumulación progresiva de conocimientos parciales, sino que estalla de golpe, como un relámpago en la noche, transformando radicalmente la percepción del iniciado. Los místicos de todas las tradiciones han descrito experiencias análogas: esa intuición súbita, ese «instante de gracia» en el cual verdades que permanecían obscuras durante años se desvelan de pronto en su evidencia luminosa, ese momento privilegiado que los griegos denominaban Kairós y que marca un antes y un después en la existencia espiritual.

La intensidad excepcional de la llamarada representa la potencia, la fuerza, la eficacia de la verdad revelada. La luz iniciática no es una claridad anémica, tenue, vacilante; es un fulgor deslumbrante que ciega momentáneamente los ojos profanos, que desconcierta el entendimiento ordinario, que sacude violentamente las certezas establecidas. Esta intensidad luminosa simboliza también la pureza, la perfección, el carácter absoluto de la Verdad contemplada. Como la luz física que no admite grados de luminosidad en su esencia–una luz es luz, sin ambigüedad ni compromiso –así la Verdad iniciática brilla con un esplendor que no tolera mezcla ni componenda. El masón que ha sido tocado por esta luz implacable ya no puede contentarse con las medias verdades, las aproximaciones cómodas, los compromisos convenientes que satisfacían su existencia profana. Ha visto, aunque sea por un instante, la Realidad tal como es, y esta visión lo obliga, lo constriñe, lo empuja irresistiblemente hacia una autenticidad sin concesiones.

La brevedad extrema de la llamarada enseña una lección igualmente importante: la iluminación iniciática no es un estado permanente que el neófito adquiriría de una vez para siempre, sino una experiencia fugaz, preciosa, que debe ser renovada sin cesar mediante el trabajo ritual y la práctica espiritual. El masón no posee la luz como se posee un objeto material; la recibe, la contempla momentáneamente, y después debe esforzarse durante toda su existencia por mantener vivo el recuerdo de ese encuentro fundamental, por actualizar en su vida cotidiana las verdades que le fueron reveladas en ese instante privilegiado. La llamarada de licopodio, que se extingue casi instantáneamente después de haber brillado con todo su esplendor, recuerda al iniciado que la gracia de la iluminación no dispensa del esfuerzo perseverante, que la revelación inicial debe ser confirmada, profundizada, interiorizada mediante un trabajo espiritual de largo aliento.

El uso del licopodio en el ritual masónico se documenta al menos desde el siglo XVIII, aunque es probable que su origen sea aún más antiguo. Las logias operativas medievales conocían sin duda las propiedades espectaculares de ciertos polvos inflamables, y es verosímil que los hayan empleado ocasionalmente en sus ceremonias. Pero fue sobre todo en el contexto de la masonería especulativa, con su énfasis característico en el simbolismo y en la dimensión teatral del ritual, que el licopodio encontró su pleno empleo iniciático. Los rituales del REAA, particularmente sensibles a la eficacia pedagógica de los efectos sensoriales, integraron sistemáticamente la llamarada de licopodio en la ceremonia de iniciación, confiriendo así a ese momento capital una intensidad dramática que multiplica su impacto transformador.

La técnica ritual del licopodio requiere cierta pericia y mucha prudencia. El Hermano Experto u otro oficial designado debe proyectar el polvo sobre una llama con un gesto preciso, en el momento exacto indicado por el Venerable Maestro, de manera que la llamarada se produzca justo cuando la venda es retirada de los ojos del recipiendario. Esta sincronización perfecta entre el gesto ritual y la palabra adecuada ilustra magníficamente el carácter de obra de arte que reviste una ceremonia masónica bien ejecutada. El ritual no es una simple lectura de textos ni una mera sucesión de gestos automatizados; es una representación sagrada, un drama hierático donde cada elemento–palabra, gesto, luz, símbolo–debe coordinarse armoniosamente para producir el efecto espiritual buscado. La llamarada de licopodio, surgiendo en el instante preciso donde el neófito abre los ojos, materializa de manera incomparable ese momento de sincronía perfecta entre el tiempo humano y el tiempo sagrado, entre la acción ritual y la gracia iniciática.

La tradición esotérica y el REAA: Raíces milenarias

El simbolismo de la luz en el REAA no constituye una invención moderna ni una innovación reciente. Hunde sus raíces profundas en el vasto subsuelo de la tradición esotérica occidental, cuyos estratos sucesivos han depositado, a lo largo de milenios, las sedimentaciones de innumerables experiencias espirituales, de doctrinas metafísicas, de prácticas iniciáticas. Comprender adecuadamente el significado de la luz masónica exige remontar el curso de esta historia espiritual, rastrear los orígenes múltiples y convergentes de este símbolo cardinal, mostrar cómo el REAA ha sabido sintetizar y actualizar una herencia que trasciende ampliamente las fronteras cronológicas de la masonería moderna.

Los antiguos misterios de Grecia y de Oriente constituyen el horizonte más lejano de esta genealogía simbólica. En Eleusis, donde durante más de mil años se celebraron los ritos más venerados de la Antigüedad helénica, la iniciación culminaba en una visión luminosa –la epopteia– durante la cual el *mystes* contemplaba objetos sagrados en medio de un resplandor sobrenatural. Aunque los detalles precisos de estas ceremonias permanecen envueltos en el secreto que los iniciados juraban guardar bajo pena de muerte, sabemos por testimonios indirectos que la luz desempeñaba un papel central en esta revelación. Los misterios mitraicos, difundidos por todo el Imperio Romano durante los primeros siglos de nuestra era, celebraban igualmente el culto del Sol Invictus, divinidad luminosa por excelencia, y las iniciaciones mitraicas comportaban siete grados que correspondían simbólicamente a los siete planetas y a los siete niveles de iluminación espiritual.

El hermetismo alejandrino, esa corriente espiritual surgida del encuentro fecundo entre el pensamiento griego y la sabiduría egipcia en los primeros siglos de nuestra era, desarrolló una doctrina completa de la luz como principio cósmico y gnóstico. El Corpus Hermeticum, esa colección de tratados atribuidos al mítico Hermes Trismegisto, afirma repetidamente que el Nous, el Intelecto divino, es pura luz, y que el proceso de iluminación espiritual consiste en participar de esta luz increada, en devenir uno mismo luminoso mediante la contemplación de lo luminoso. Esta doctrina hermética ejerció una influencia considerable sobre el pensamiento esotérico occidental, y sus huellas son claramente discernibles en el simbolismo del REAA, particularmente en la interpretación del Delta luminoso como símbolo del Principio supremo.

La Cábala judía, esa tradición mística que se desarrolló en la Edad Media pero que pretende remontarse a revelaciones antiquísimas, elaboró una cosmología enteramente centrada en el simbolismo de la luz. Según la doctrina cabalística, el proceso de creación comenzó con el tzimtzum, la contracción del Infinito que permitió la aparición de un espacio vacío donde podría desplegarse la creación. En este espacio, el Ein Sof, el Absoluto sin límites, proyectó un rayo de luz que dio origen a las diez sefirots, las emanaciones divinas mediante las cuales se estructura toda la realidad. El hombre, creado a imagen de Dios, contiene en sí mismo estas diez luces; el trabajo espiritual consiste en despertar estas luces interiores, en armonizarlas entre sí, en hacer ascender la luz desde las sefirot inferiores hasta las superiores. Esta concepción cabalística de la luz como realidad a la vez cósmica y psíquica, como principio objetivo y dimensión subjetiva, resuena profundamente con el simbolismo masónico del REAA.

El cristianismo joánico, tal como se expresa particularmente en el prólogo del cuarto Evangelio y en los escritos atribuidos a San Juan, presenta una teología de la luz que ha marcado decisivamente la espiritualidad occidental. «Dios es luz, y en Él no hay tiniebla alguna», proclama la Primera Epístola de Juan. El prólogo del Evangelio identifica al Cristo con el Logos, el Verbo que era la luz verdadera «que ilumina a todo hombre que viene a este mundo». Esta teología cristiana de la luz, que integra y transfigura las especulaciones anteriores –tanto griegas como judías– sobre el tema, proporciona al REAA uno de sus fundamentos doctrinales más importantes. No es casualidad que el Volumen de la Ley Sagrada, en las logias de tradición cristiana, sea abierto habitualmente sobre el prólogo del Evangelio de Juan: este texto constituye la carta fundacional de una espiritualidad de la luz que la masonería especulativa ha heredado y prolongado.

El neoplatonismo de Plotino y de sus sucesores desarrolló una metafísica rigurosa de la luz como principio ontológico. Según Plotino, el Uno, principio supremo absolutamente trascendente, se desborda eternamente en una procesión luminosa que engendra sucesivamente el Nous, el Alma del Mundo y finalmente la Materia. Toda realidad participa así, en grados diversos, de la luz del Uno; toda existencia es un cierto modo de luminosidad. El proceso espiritual consiste en una conversión, un retorno hacia la fuente luminosa, una ascensión progresiva desde las regiones obscuras de la materia hacia el esplendor cegador del Uno. Esta doctrina neoplatónica, que ejerció una influencia inmensa sobre toda la filosofía y la teología occidentales, proporciona el marco metafísico dentro del cual puede comprenderse plenamente el simbolismo masónico de la luz. El viaje del masón desde las tinieblas de la existencia profana hacia la luz de la conciencia iniciática reproduce, en el plano ritual, ese movimiento fundamental del alma plotiniana desde la multiplicidad hacia la unidad, desde la opacidad hacia la transparencia, desde la ignorancia hacia la sabiduría.

El REAA no se limita a yuxtaponer estas diferentes tradiciones, no se contenta con tomar prestados elementos dispares de fuentes heterogéneas. Opera como una verdadera síntesis, una fusión orgánica donde cada corriente aporta su genio propio mientras se integra en un conjunto coherente y vivo. Esta capacidad sintética constituye precisamente una de las características más notables de la masonería especulativa: su aptitud para acoger en su seno influencias muy diversas, para armonizarlas sin uniformarlas, para crear unidad respetando la pluralidad. El simbolismo de la luz en el REAA constituye el ejemplo paradigmático de esta síntesis fecunda: recupera la experiencia eleusina de la epopteia, la doctrina hermética del Nous luminoso, la especulación cabalística sobre las sefirot, la teología joánica del Logos, la metafísica plotiniana de la procesión y del retorno. Y al integrar todos estos elementos en un ritual vivo, en una práctica iniciática efectiva, el REAA actualiza para el hombre contemporáneo una sabiduría perenne que trasciende las épocas y las civilizaciones.

Las tres grandes luces del REAA: Fundamentos de la moral masónica

Las Tres Grandes Luces de la Masonería –el Volumen de la Ley Sagrada, la Escuadra y el Compás– constituyen los pilares sobre los cuales se edifica todo el edificio doctrinal y moral del REAA. Cuando el recipiendario, tras la caída de la venda, contempla por vez primera estas Tres Luces dispuestas sobre el Altar, se le revela en un instante sintético el programa entero de su futura existencia masónica. Estas Tres Luces no son simples objetos rituales, accesorios decorativos del ceremonial; son verdaderos símbolos operativos, instrumentos espirituales mediante los cuales el masón orientará su búsqueda, regulará su conducta, medirá su progreso en el camino iniciático.

El Volumen de la Ley Sagrada –que en las logias de tradición occidental es habitualmente la Biblia, pero que puede ser reemplazado por otro texto sagrado según las convicciones espirituales de los miembros– representa la dimensión vertical de la existencia humana, la apertura al Absoluto, el reconocimiento de una Realidad trascendente que da sentido y fundamento a todas las cosas. Este libro abierto sobre el Altar no debe ser considerado como un documento histórico, ni siquiera primeramente como un compendio de doctrinas teológicas. Es ante todo un símbolo de la Revelación, de aquella Palabra divina que se ha hecho audible para los hombres, de aquella Verdad que desciende de lo alto para iluminar las tinieblas terrestres. La posición del Volumen de la Ley Sagrada –abierto, no cerrado– indica que esta Revelación permanece siempre actual, siempre accesible para quien se acerca a ella con disposición recta y corazón sincero.

La página sobre la cual se abre habitualmente el Volumen de la Ley Sagrada en las logias del REAA posee una significación particular. Se trata del prólogo del Evangelio de Juan: «En el principio era el Verbo, y el Verbo estaba con Dios, y el Verbo era Dios... En él estaba la vida, y la vida era la luz de los hombres. La luz resplandece en las tinieblas, y las tinieblas no la comprendieron.» Este texto capital, que fusiona la cosmología bíblica del Génesis con la filosofía griega del Logos, proporciona una clave hermenéutica esencial para comprender el simbolismo masónico de la luz. El Verbo creador es identificado con la Luz que ilumina a todo hombre; la iniciación masónica consistirá precisamente en abrir los ojos interiores para percibir esta Luz increada que resplandece eternamente, aunque las tinieblas profanas sean incapaces de comprenderla.

La Escuadra, segundo elemento de las Tres Grandes Luces, representa el mundo de la materia, de la naturaleza, de la manifestación sensible. Como instrumento del arquitecto y del constructor, la escuadra sirve para trazar ángulos rectos, para verificar la rectitud de las superficies, para asegurar la solidez de las construcciones. En el plano simbólico, representa la rectitud moral, la justicia en las acciones, la conformidad con las leyes naturales y sociales. El masón debe aprender a «obrar según la escuadra», es decir, a actuar con rectitud, a respetar las normas éticas fundamentales, a construir su existencia sobre fundamentos sólidos. La escuadra es también el emblema de la tierra, del plano horizontal, de todo lo que pertenece al orden de lo creado y de lo contingente. Delimita el espacio profano, el dominio de lo humano, aquella dimensión de la realidad que podemos conocer mediante los sentidos y la razón ordinaria.

El Compás, tercera de las Grandes Luces, simboliza el espíritu, el cielo, la dimensión trascendente de la existencia. Como instrumento que permite trazar círculos –figura geométrica perfecta, sin principio ni fin, imagen del infinito y de la eternidad– el compás representa las realidades superiores, aquello que escapa a la medida común, lo que trasciende las categorías del entendimiento discursivo. El masón debe aprender a «trabajar con el compás», es decir, a cultivar la sabiduría, a moderar sus pasiones mediante la razón, a establecer proporciones justas en todas sus empresas. El compás es también instrumento de medida y de proporción: enseña que toda acción debe ser medida, que toda empresa debe respetar límites, que la virtud reside en el justo medio entre los extremos. La sabiduría, según la enseñanza masónica, no consiste en acumular conocimientos enciclopédicos ni en alcanzar estados místicos extraordinarios, sino en saber encontrar, en cada circunstancia, la justa medida, el equilibrio perfecto entre exigencias aparentemente contrarias.

La disposición de estas Tres Grandes Luces sobre el Altar no es aleatoria; obedece a una lógica simbólica rigurosa que varía según el grado masónico. En el grado de Aprendiz, el Compás está casi enteramente oculto bajo la Escuadra, indicando que en esta etapa inicial la dimensión material, terrestre, debe predominar sobre la dimensión espiritual. El Aprendiz debe primero aprender a «trabajar la piedra bruta», a dominar sus pasiones, a rectificar su carácter, a construir sólidamente los fundamentos de su edificio interior antes de elevarse hacia especulaciones más sutiles. En el grado de Compañero, una de las puntas del Compás emerge de la Escuadra, simbolizando el comienzo de la ascensión espiritual, el despertar progresivo de la conciencia a realidades más elevadas. Finalmente, en el grado de Maestro, el Compás domina completamente a la Escuadra, indicando que el espíritu debe ahora gobernar la materia, que lo celeste debe ordenar lo terrestre, que la sabiduría debe presidir la acción.

Estas Tres Grandes Luces representan también los tres pilares sobre los cuales se edifica el Templo masónico: Sabiduría, Fuerza y Belleza. El Volumen de la Ley Sagrada corresponde a la Sabiduría, atributo del Venerable

Maestro que gobierna la logia desde el Oriente; la Escuadra corresponde a la Fuerza, atributo del Primer Vigilante que se sitúa al Occidente; el Compás corresponde a la Belleza, atributo del Segundo Vigilante que ocupa el Mediodía. Esta correlación triple estructura toda la arquitectura simbólica del Templo masónico y orienta todo el trabajo ritual. La Sabiduría concibe el plan del edificio espiritual; la Fuerza proporciona la energía necesaria para su realización; la Belleza asegura la armonía de las proporciones y la perfección de la ejecución. El masón que trabaja bajo la triple luz de la Sabiduría, de la Fuerza y de la Belleza participa en la obra del Gran Arquitecto del Universo, colabora en la construcción del Templo ideal de la Humanidad regenerada.

Conclusión:
Dar la Luz como engendramiento espiritual

Al término de este recorrido por las múltiples dimensiones del acto de dar la luz al recipiendario en el REAA, se impone una constatación fundamental: este momento cardinal de la ceremonia de iniciación condensa en un instante toda la riqueza simbólica, toda la profundidad doctrinal, toda la eficacia transformadora de la tradición masónica. Dar la luz no constituye un simple episodio del ritual, un detalle pintoresco del ceremonial; representa el corazón mismo, el núcleo incandescente del proceso iniciático, aquel punto focal donde convergen todas las líneas de fuerza del simbolismo masónico y del cual irradian todas las virtualidades de la vida iniciática futura.

Asistimos a la visión de cómo la oscuridad, lejos de constituir simplemente la ausencia de luz, representa una condición ontológica específica, un estado del ser que precede necesariamente a la iluminación. La Cámara de Reflexión y la venda iniciática no son obstáculos que habría que suprimir cuanto antes, sino etapas indispensables del proceso, momentos dialécticos sin los cuales la luz carecería de sentido y de poder transformador. Es precisamente porque ha conocido las tinieblas, porque ha descendido a sus abismos, porque ha confrontado su propia finitud e ignorancia, que el recipiendario podrá apreciar en toda su plenitud el don inestimable de la luz. La iniciación masónica enseña así que la luz y la oscuridad no son enemigos irreconciliables, sino polaridades complementarias cuya tensión fecunda engendra la vida espiritual.

Se puede analizar el acto ritual de dar la luz en su triple dimensión: revelación del conocimiento, despertar interior y transformación profunda del ser. Estos tres aspectos, aunque distinguibles analíticamente, se producen simultáneamente en el instante preciso donde la venda cae. El recipiendario no solamente aprende algo que ignoraba; no solamente se despierta de un sueño prolongado; deviene fundamentalmente otro, entra en un nuevo modo de existencia, nace a una vida que trasciende la vida ordinaria. Esta metamorfosis ontológica se inscribe de manera indeleble en el alma del iniciado; constituye una marca que lo acompañará durante toda su existencia terrestre y más allá de ella, según enseña la doctrina tradicional de la sobrevivencia iniciática.

Se ha explorado el simbolismo multiforme de la luz en el REAA: conocimiento y verdad, presencia de lo sagrado, equilibrio entre razón y espiritualidad. Esta polivalencia simbólica, lejos de constituir una debilidad o una imprecisión, representa al contrario una de las grandes fuerzas del lenguaje masónico. Un símbolo verdaderamente vivo no se deja reducir a una única significación unívoca; posee la capacidad de revelar aspectos siempre nuevos según el grado de comprensión del contemplador, según el contexto ritual en el que se actualiza, según las cuestiones que la existencia plantea al masón en las diferentes etapas de su viaje iniciático. La luz masónica es inagotable precisamente porque participa de aquella Luz increada que ninguna palabra puede circunscribir completamente, que ningún concepto puede capturar definitivamente.

Hemos podido ver y distinguido cuidadosamente entre luz simbólica y luz ritual, cómo estas dos dimensiones, aunque diferentes, permanecen indisociables en la práctica iniciática efectiva. La luz ritual –las llamas que arden sobre las columnetas, los candelabros que iluminan el Templo– no es meramente decorativa; opera como sacramento de la luz simbólica, como medio sensible mediante el cual la realidad espiritual se hace presente y operativa. El genio del ritual masónico consiste precisamente en mantener esta tensión fecunda entre el símbolo y su vehículo material, en evitar tanto la reducción materialista que no vería más que llamas ordinarias, como la evaporación idealista que consideraría la luz física como un detalle secundario.

Examinando el papel singular del licopodio, ese polvo vegetal cuya llamarada efímera pero intensa materializa espectacularmente el instante de la iluminación, llegamos a varias concusiones: La súbita aparición de esta luz cegadora, su intensidad excepcional, su brevedad extrema, nos enseñan lecciones capitales sobre la naturaleza de la experiencia iniciática; y podemos calibrar mentalmente su carácter fulgurante, su potencia transformadora, su necesaria renovación mediante el trabajo espiritual perseverante. El licopodio no es un simple efecto especial destinado para impresionar al neófito; constituye un elemento simbólico de primer orden que condensa en una imagen sensible verdades que ningún discurso abstracto podría expresar adecuadamente.

Hemos rastreado las raíces del simbolismo masónico de la luz en la vasta tradición esotérica occidental. Esta genealogía espiritual muestra que el

EL INSTANTE DE LA LUZ
EL NACIMIENTO DEL INICIADO EN EL REAA

REAA no ha inventado arbitrariamente su simbolismo, sino que ha sabido recuperar, sintetizar y actualizar una herencia milenaria. La luz masónica se inscribe así en una cadena ininterrumpida de transmisión iniciática que atraviesa los siglos y las civilizaciones, preservando intacta su eficacia transformadora a pesar de las vicisitudes de la historia.

Dar la luz al recipiendario es, en definitiva, engendrarlo espiritualmente, hacerlo nacer a una existencia nueva, superior, transfigurada. Es conferirle un nuevo estado del ser que lo distinguirá radicalmente del profano que era antes de la iniciación. Es establecer entre el neófito y la Logia, entre el neófito y la tradición masónica, entre el neófito y el Gran Arquitecto del Universo, una alianza sagrada que ninguna vicisitud exterior podrá jamás disolver completamente. Es finalmente –y quizás, sobre todo– sellar la alianza del recipiendario consigo mismo, con su naturaleza más profunda, con aquella dimensión de su ser que aspiraba obscuramente a la luz sin saber cómo alcanzarla. En este instante supremo donde la venda cae y las Tres Grandes Luces resplandecen ante sus ojos maravillados, el neófito comprende que toda su existencia anterior no era más que una larga preparación para este encuentro, y que toda su existencia futura estará consagrada a profundizar incesantemente la luz que acaba de recibir. La iniciación masónica no concluye cuando termina la ceremonia; apenas comienza en ese momento. El resto pertenece al trabajo perseverante, a la fidelidad cotidiana, al esfuerzo sostenido por encarnar cada día más plenamente la luz en las tinieblas del mundo profano. ⚜

Bibliografía

Boucher, Jules. *La Symbolique maçonnique*. París: Dervy, 1948.

Chevalier, Jean y Alain Gheerbrant. *Dictionnaire des symboles*. Paris: Robert Laffont, 1982.

Eliade, Mircea. *Nacimiento y renacimiento: el significado de la iniciación en la cultura humana*. Barcelona: Kairós, 2001.

Ferrer Benimeli, José Antonio. *La masonería española en el siglo XVIII*. Madrid: Siglo XXI, 1986.

Guénon, René. *Aperçus sur l'initiation*. París: Éditions Traditionnelles, 1946.

Jung, Carl Gustav. *Psicología y alquimia*. Barcelona: Plaza ⚜ Janés, 1977.

Mackey, Albert Gallatin. *Encyclopaedia of Freemasonry*. Chicago: The Masonic History Company, 1927.

Pike, Albert. *Morals and Dogma of the Ancient and Accepted Scottish Rite of Freemasonry*. Charleston: Supreme Council, 1871.

Plotino. *Enéadas*. Madrid: Gredos, 1982-1998.

Sánchez Ferré, Pere. «La luz masónica: simbolismo y ritual en el Rito Escocés Antiguo y Aceptado». *Revista de Estudios Masónicos* 15 (2012): 45-68.

Stevenson, David. *The Origins of Freemasonry: Scotland's Century, 1590-1710*. Cambridge: Cambridge University Press, 1988.

Este libro cierra el ciclo de los altos grados del Rito Escocés Antiguo y Aceptado, presentando en detalle los grados 31º (Gran Inspector Inquisidor Comendador), 32º (Sublime Príncipe del Real Secreto) y 33º (Gran Inspector General). Tres peldaños culminantes que, lejos de ser meros títulos honoríficos, encierran un profundo simbolismo y la responsabilidad de custodiar la justicia, la sabiduría y la armonía universal.

Cada grado se expone con su trasfondo histórico, sus símbolos principales y su dimensión ritual y filosófica. El lector encontrará la riqueza del tribunal del 31º, la majestad del campamento del 32º y la solemnidad suprema del 33º, acompañado de comentarios, reflexiones y documentos históricos fundamentales como las Grandes Constituciones de 1786.

Un volumen imprescindible para comprender el sentido último del camino masónico, donde tradición y modernidad confluyen en la aspiración de justicia, verdad y redención que define al Rito Escocés Antiguo y Aceptado.

Luis Plà (Valencia 1956). Empresario jubilado se dedica al activismo social. Miembro activo de Valencia Laica (Europa Laica). Ha co-realizado 4 documentales: *Cayetano Ripoll y la Iglesia valenciana, la última víctima mortal de la Inquisición, Ladrones de vidas, niños robados en la Comunidad Valenciana* y *Al borde del principio, los últimos años del franquismo y la transición en el País Valencià* y *Al fascismo se le combate, la resistencia española contra los nazis en la Francia ocupada*. Está trabajando en un nuevo proyecto sobre un ilustre masón y político valenciano de la II República.

Toda su trayectoria masónica ha transcurrido de forma ininterrumpida en el Rito Francés. Iniciado en 2006 en una Logia española del Rito Francés del GODF donde aparte de otros oficios fue Venerable Maestro en tres ocasiones. Es recibido al I Orden de Sabiduría del Rito Francés en 2010 en el SC Rosa de Foc (GCGE-RF. En los Valles de Barcelona), En enero de 2019 deja el GODF para afiliarse a la Respetable Logia Mediterrània de Rito Francés al Oriente de Barcelona de la Gran Logia Simbólica Española. Maestro fundador (2022) y miembro activo de la Respetable Logia Palmira Luz de Rito Francés al Oriente de Valencia (GLSE). Fundador (2023) y miembro activo del Soberano Capítulo del Rito Francés Luz Mediterránea (GCGE-RF en los Valles de Valencia/Alicante). Desde 2022 ostenta el cargo, electo y temporal, de Muy Sabio y Perfecto Gran Venerable MSPGV (Presidente), habiendo sido anteriormente Gran Secretario de Asuntos Interiores del Gran Capítulo General de España del Rito Francés (GCGE-RF). Posee el V° Orden 3ª Arca de los Órdenes de Sabiduría del Rito Francés.

Ha realizado diferentes Conferencias sobre el Rito Francés, los Órdenes de Sabiduría del Rito Francés, Masonería y Anarquismo, Laicismo… en París, Zaragoza, Barcelona, Madrid, Valencia…

GRAN LUZ INICIÁTICA
Y CAÍDA DE LA VENDA

Rito Francés

Luis Plà

Antes que nada, creo necesario aclarar que el artículo que viene a continuación es una visión personal desde mi experiencia de trabajo en el Rito Francés.

Si algo caracteriza al Rito Francés es la libertad que concede a quien lo practica de interpretarlo según su propia experiencia y conocimiento, por supuesto dentro de los valores de Libertad, Igualdad y Fraternidad, desde una perspectiva laica y humanista y bajo la más absoluta libertad de conciencia.

> … ¿Qué pedís para él?... ¡La Luz!... A mi tercer golpe de mallete… ¡Que caiga la venda y que se haga la Luz!

El párrafo anterior forma parte de uno de los momentos más importantes, ya casi al final, de la Iniciación masónica de un profano en el Rito Francés.

Es un momento de una gran carga emocional, al recipiendario después de haber estado durante toda la ceremonia de Iniciación con los ojos vendados[1], en la más absoluta oscuridad, se le quita la venda y el Templo se ilumina al máximo. En mi Logia acompañamos este momento con el poema sinfónico (pieza musical) «Así habló Zaratustra» de Richard Strauss, haciendo coincidir la caída de la venda con el inicio de la tercera sección[2].

Lo primero que ve el recipiendario al quitarle la venda es a los Hermanos de la Logia en posición «aparentemente amenazadora[3]».

---

[1] Hay que resaltar que durante la ceremonia de Iniciación en Rito Francés, al recipiendario, en dos ocasiones se le levanta brevemente la venda en un entorno de penumbra, pero no es tema de este artículo.

[2] La introducción de esta pieza, conocida como «Amanecer», representa la salida del sol y el despertar de la conciencia.

[3] En las referencias a la ceremonia omito conscientemente detalles concretos, así como parte de los textos del ritual que se citan, por no considerarlos relevantes.

GRAN LUZ INICIÁTICA Y CAÍDA DE LA VENDA
RITO FRANCÉS

...¡No lo están contra vos! Contrariamente a ser una amenaza, indican hacia donde dirigiremos todas nuestras fuerzas, todas nuestras energías y nuestra voluntad con tal de ayudaros y apoyaros en el esfuerzo de avanzar por el camino de la perfección...

La primera experiencia sensorial y visual del recipiendario es la vinculación de la recepción de la Luz con la fraternidad masónica y el camino de la perfección.

En contraposición a la oscuridad que simboliza la ignorancia, la confusión, el caos interno, la piedra bruta antes de ser desbastada..., la Luz simboliza el conocimiento, la verdad, la razón y la claridad moral y filosófica

El acto de la caída de la venda no es solo un cambio físico, sino también la manifestación de un cambio interior y el inicio de un camino de conocimiento. El camino masónico es iniciático y progresivo, supone el inicio de un largo e infinito camino que queda por recorrer, en masonería este camino no se hace en solitario, se le dice al ya casi aprendiz que lo hará apoyado y apoyándose en el resto de los Hermanos y Hermanas.

... ¿Consentís en reiterar, solemnemente, el Compromiso adquirido, ahora que habéis recibido la Luz...?

... Ponte en pie Hermano, nunca más te arrodillarás ante nadie... ¡Un francmasón vive y muere en pie!.

A partir de ahora, en el Ritual, las referencias a la Luz serán permanentes.

En el Rito Francés el Encendido de Luces de una nueva Logia adquiere todo su sentido.

La Luz masónica, en sus diferentes intensidades, se recibe, se amplia y se transmite.

La Luz recibida no es para guardarla, sino para proyectarla. Una vez que el Aprendiz ha recibido la Luz, se impone el deber de trabajar y difundir esa Luz de conocimiento, razón y fraternidad, es una obligación activa de mejoramiento personal y servicio a la humanidad.

Darle la Luz al profano es un acto de regeneración simbólica que lo transforma de un hombre en tinieblas, al principio de la Iniciación, a un Aprendiz al que se le orienta a través del camino de la razón y el conocimiento, marcando un inicio formal de su trabajo en la construcción de su templo interior y el compromiso de llevar esa Luz al mundo exterior.

El sentido del Rito Francés es siempre de Liberación y Construcción.

Pero qué entendemos por «Luz».

La propia Real Academia Española nos da hasta 15 acepciones, algunas de las cuales podemos interpretar desde el punto de vista masónico:

1ª Acepción: *«Agente físico que hace visibles los objetos»*. La masonería esta llena de símbolos, el trabajo masónico consiste en ser capaces de darles

GRAN LUZ INICIÁTICA Y CAÍDA DE LA VENDA
RITO FRANCÉS

Luz para verlos e interpretarlos según nuestra conciencia. El símbolo masónico es una herramienta de reflexión filosófica

6ª Acepción: *«Modelo, persona o cosa capaz de ilustrar y guiar»*. Nada que añadir.

7ª Acepción: *«Periodo de tiempo entre el amanecer y el ocaso»*. Cuando trabajan los masones.

14ª Acepción: *«Claridad de la mente»*. Parte del trabajo masónico consiste en la introspección personal con el fin de poder clarificar nuestra mejor ruta en el camino hacia la búsqueda de la perfección, entendido éste también como la búsqueda de la verdad.

15ª Acepción: *«Ilustración, cultura»*. Si algo caracteriza al Rito Francés, es la influencia de la Ilustración, del llamado Siglo de las Luces, en su búsqueda del equilibrio entre la tradición y la modernidad.

Vemos pues que en la Real Academia Española podemos encontrar la base para desarrollar y argumentar el simbolismo que en el Rito Francés damos a la Luz.

Nada esotérico, nada religioso.

A diferencia de Ritos esotéricos o religiosos en cuyas ceremonias te hacen creer que te dan acceso a verdades divinas, a conocimientos y estados espirituales inalcanzables para otros, el Rito Francés es racional y muy claro.

La Luz recibida no supone la posesión de la verdad, sino la capacidad y la guía para iniciar la búsqueda de la misma, es una luz intelectual que le otorga al masón las herramientas rituales, éticas y filosóficas para:

- Conocerse a sí mismo, para poder tallar su piedra bruta.
- Discernir, distinguir lo verdadero de lo falso, algo tan importante a día de hoy.

Insisto, cuando en la Iniciación masónica se da la Luz, se refiere a poner a disposición del nuevo masón o masona, las herramientas (rituales, ceremonias, símbolos…) que junto con al trabajo en Logia y en compañía del resto de Hermanos y Hermanas, y en base a los valores humanistas y laicos de Libertad, Igualdad y Fraternidad, le sirvan para iniciar un camino no solo de perfección personal, sino también de mejora de la sociedad.

> … La Orden Masónica… tiene como objeto la búsqueda de la Verdad, el estudio de la Ética y la práctica de la Solidaridad; que trabaja para la mejora material, moral y para el perfeccionamiento espiritual, intelectual y social de toda la Humanidad…[4].

---

[4] Extracto de los Principios Generales de la Orden Masónica que se leen al principio de todas las Tenidas del Rito Francés.

GRAN LUZ INICIÁTICA Y CAÍDA DE LA VENDA
RITO FRANCÉS

Llegados a este punto considero importante aclarar que el camino que se inicia al recibir la Luz conlleva también un trabajo espiritual. En el Rito Francés hablamos de espiritualidad laica, que en ningún momento está reñida con la racionalidad. ¿Acaso el sentimiento humanista no es un sentimiento espiritual?

«La gloria es la luz, la luz da la alegría, y la alegría es el goce del espíritu».

«Todo lo que no sea velar por las personas, y en todos los órdenes, es palabrería pura».

Antoni Gaudí[5]

Pero… Volvamos al Ritual del Aprendiz del Rito Francés en el que como he comentado anteriormente se hacen múltiples referencias a la Luz o a las Luces.

¿Qué visteis al ser Iniciado?

Tres Grandes Luces… Son la representación del Sol, de la Luna y del Venerable Maestro… El Sol ilumina a los obreros durante el día, la Luna durante la noche y el Venerable Maestro ilumina en todo momento a la Logia.

A diferencia de otros Ritos, en el Rito Francés las Tres Grandes Luces son el Sol, la Luna y el Venerable Maestro, estás Tres Grandes Luces están representadas a su vez por tres candelabros, entorno al cuadro de Logia, ubicados al NE (vela blanca), SE (vela roja) y SO (vela amarilla).

Según Guillermo Fuchslocher:

Podemos deducir que como dos de estas Grandes Luces se refieren a un periodo de tiempo (día y noche) y la Tercera a una persona en relación con un espacio o un grupo humano (la Logia), la luz física constituye el referente de otro tipo de luz, de carácter simbólico. Y como la única «Luz» de este ternario que no puede iluminar en sentido físico es el Maestro de la logia, la luz que él emana a la Logia, en sentido simbólico, solo puede ser la del intelecto, es decir la del conocimiento, de la razón, de la búsqueda de la Verdad…[6]

Las Tres Grandes Luces están simbólica e íntimamente vinculadas entre sí. Sobre este tema no me puedo resistir a citar a mi Querido Hermano, Maestro y amigo José Mantero, que se fue demasiado pronto al Oriente Eterno:

«…la presencia de estas Tres Grandes Luces, que apuntan a la luz que nos brindan las fuerzas de la naturaleza (los astros, sol y luna) y a la luz de entendimiento y conocimiento humanos. Se trata, pues, de un Rito laico y nada esotérico, religioso ni mágico. No tiene sentido discutir acerca de la presencia

---

[5] De la página Web https://sagradafamilia.org/es/antoni-gaudi-humanismo-y-espiritualidad.
[6] Guillermo Fuschlocher. *Simbología del Grado de Aprendiz y del Tapiz Logial*. Pags. 43 y 44. Edit. Pentalpha. Junio 2019.

o no de una biblia o cualquier otro libro religioso, puesto que nuestras Tres Grandes Luces son las que son. Somos obreros y arquitectos ilustrados, no levitas[7].

En resumen, cuando cae la venda y el recipiendario recibe la Luz, es el punto culminante de la Iniciación, símbolo del conocimiento y la fraternidad, marca el inicio de un camino de perfeccionamiento personal y mejora de la sociedad, acompañado por los Hermanos y Hermanas de la Logia, bajo la absoluta libertad de conciencia, la razón y los valores humanistas y laicos que caracterizan al Rito Francés.

Hermanos, los trabajos de la Respetable Logia... están cerrados. Que la Luz recibida quede en nosotros..., comprometámonos a llevarla fuera de la Logia buscando el Progreso de la Humanidad.

Me comprometo. ⚒

---

[7] José Mantero (1963-2018). Aquí todo es símbolo. Manual del Aprendiz del Rito Francés. Edición 6011. RL Tartessos nº 481 al Oriente de Sevilla – Gran Oriente de Francia. Pag.8.

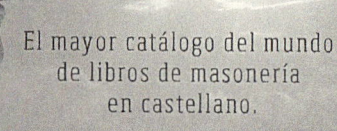

El mayor catálogo del mundo
de libros de masonería
en castellano.

Autores actuales
Estudios históricos
Obras clásicas
Libros prácticos
Literatura y arte
Trabajos biográficos
Obras institucionales
Rituales
Tradición hermética
Guías históricas
...

(más de 600 obras publicadas)

MASONICA
Ediciones del Arte Real

NÚMEROS Y TEMAS ANTERIORES

(todos disponibles a la venta en papel y en formato digital)

CULTURA MASÓNICA N.º 1 | Los documentos antimasónicos

CULTURA MASÓNICA N.º 2 | El Rito Francés: mitos y realidad

CULTURA MASÓNICA N.º 3 | masones y cristianos

CULTURA MASÓNICA N.º 4 | masonería y literatura

CULTURA MASÓNICA N.º 5 | masonería y mujer

CULTURA MASÓNICA N.º 6 | masonería y filosofía

CULTURA MASÓNICA N.º 7 | El Derecho Humano. Orden Mixta Internacional

CULTURA MASÓNICA N.º 8 | masonería y música

CULTURA MASÓNICA N.º 9 | El Rito Escocés Antiguo y Aceptado

CULTURA MASÓNICA N.º 10 | masonería y nuevas tecnologías

CULTURA MASÓNICA N.º 11 | masonería y religión

CULTURA MASÓNICA N.º 12 | La Francmasonería y la Constitución de Cádiz

CULTURA MASÓNICA N.º 13 | El método masónico

CULTURA MASÓNICA N.º 14 |masonería y política

CULTURA MASÓNICA N.º 15 |El Gran Oriente de Francia

CULTURA MASÓNICA N.º 16 | Especial Daniel Beresniak

CULTURA MASÓNICA N.º 17 | Rito de Emulación

CULTURA MASÓNICA N.º 18 | masonería egipcia

CULTURA MASÓNICA N.º 19 | I República Española y masonería

CULTURA MASÓNICA N.º 20 | El corazón cívico y simbólico del Rito Escocés

CULTURA MASÓNICA N.º 21 | masonería en el 7º Arte

CULTURA MASÓNICA N.º 22 | Ceremonias masónicas

CULTURA MASÓNICA N.º 23 | Martinismo y masonería

CULTURA MASÓNICA N.º 24 | El futuro de la masonería

CULTURA MASÓNICA N.º 25 | masonería e Ilustración

CULTURA MASÓNICA N.º 26 | Supremo Consejo del grado 33 y último del Rito Escocés Antiguo y Aceptado para España

CULTURA MASÓNICA N.º 27 | Heterodoxia masónica

CULTURA MASÓNICA N.º 28 | Trescientos años. Reflexiones

CULTURA MASÓNICA N.º 29 | Oficios de la logia

CULTURA MASÓNICA N.º 30 | Selección 30 ensayos

CULTURA MASÓNICA N.º 31 | Cábala en la vivencia masónica

CULTURA MASÓNICA N.º 32 | La sabiduría divina, encuentros de masonería y teosofía

CULTURA MASÓNICA N.º 33 | Templarismo y masonería

CULTURA MASÓNICA N.º 34 | Marxismo y masonería

CULTURA MASÓNICA N.º 35 | Arte & Arte Real

CULTURA MASÓNICA N.º 36 | masonería y feminismo

CULTURA MASÓNICA N.º 37 | Alquimia, una vía espiritual y hermética de la tradición masónica

CULTURA MASÓNICA N.º 38 | La Iniciación I

CULTURA MASÓNICA N.º 39 | La Iniciación II

CULTURA MASÓNICA N.º 40 | Los rosacruces

CULTURA MASÓNICA N.º 41 | Sustratos ideológicos de la masonería y el esoterismo moderno

CULTURA MASÓNICA N.º 42 | Huellas masónicas en la cultura universal

CULTURA MASÓNICA N.º 43 | Maestro masón. El tercer grado

CULTURA MASÓNICA N.º 44 | La conciencia. Trascendencia, evolución e interpretación en la masonería.

CULTURA MASÓNICA N.º 45 | Autores contracorriente de la masonería.

CULTURA MASÓNICA N.º 46 | El Gran Arquitecto del Universo

CULTURA MASÓNICA N.º 47 | El Arco Real

CULTURA MASÓNICA N.º 48 | Formación. La difícil estructura pedagógica de las órdenes iniciáticas

CULTURA MASÓNICA N.º 49 | masonería. Mito y mitología

CULTURA MASÓNICA N.º 50 | Cincuenta números de investigación histórica: rigor, objetividad y constancia

CULTURA MASÓNICA N.º 51 | Compañero masón, el 2º grado de la masonería simbólica

CULTURA MASÓNICA N.º 52 | La palabra perdida. Simiente de sugerencias simbólicas

CULTURA MASÓNICA N.º 53 | El templo y la logia

CULTURA MASÓNICA N.º 54 | El Venerable Maestro

CULTURA MASÓNICA N.º 55 | Después del grado de Maestro: ALTOS GRADOS

CULTURA MASÓNICA N.º 56 | Ciencia y Mística

CULTURA MASÓNICA N.º 57 | René Guénon – Tradicionalismo Integral (I)

CULTURA MASÓNICA N.º 58 | René Guénon – Tradicionalismo Integral (II)

CULTURA MASÓNICA N.º 59 | Grado Aprendiz – El primer paso en masonería

CULTURA MASÓNICA N.º 60 | Las Artes Liberales en masonería

CULTURA MASÓNICA N.º 61 | Esoterismo y masonería

CULTURA MASÓNICA N.º 62 | Educación y masonería

CULTURA MASÓNICA N.º 63 | Antimasonería – Mitos, fantasías y censuras

Este número de la revista
CULTURA MASÓNICA
terminó de componerse en las colecciones
de la editorial MASONICA® en el día
21 de diciembre del año 2025.